清季

张德昌 著

一个京官的生活

图书在版编目（CIP）数据

清季一个京官的生活／张德昌著. —北京：生活·读书·新知三联书店，
2021.8 （2023.8 重印）
ISBN 978-7-108-06648-0

Ⅰ. ①清… Ⅱ. ①张… Ⅲ. ①政治人物-生活-研究-中国-清代
Ⅳ. ① D691.42

中国版本图书馆 CIP 数据核字（2019）第 167983 号

责任编辑　赵庆丰
装帧设计　刘　洋
责任校对　张国荣
责任印制　董　欢
出版发行　**生活·讀書·新知** 三联书店
　　　　　（北京市东城区美术馆东街 22 号 100010）
网　　址　www.sdxjpc.com
图　　字　01-2017-7295
经　　销　新华书店
制　　作　北京金舵手世纪图文设计有限公司
印　　刷　河北鹏润印刷有限公司
版　　次　2021 年 8 月北京第 1 版
　　　　　2023 年 8 月北京第 3 次印刷
开　　本　889 毫米 × 1194 毫米　1/32　印张 10.5
字　　数　198 千字
印　　数　08,001-11,000 册
定　　价　38.00 元
（印装查询：01064002715；邮购查询：01084010542）

目 录

序言

在中国传统社会中，士大夫是很重要的一个阶层。关于士大夫的社会动态，士大夫阶层经济上的收益，近人已做了一定分量的工作。[1]

专言清代的仕途、正途的科名，以时代较近，能言之者多。有关异途的捐纳制度的一般性的情形，近人亦有专著研讨。[2] 本作的范围集中于清季同治、光绪年间士大夫阶层中的一环——京官。本作是以一个京官的经历、生活，作为研究的对象，是一个以个人的实例为基点的个案研究的工作。

同光年间，统治者阶级由官以至佐贰胥吏的职位，均可购买而得。做官可由正途，亦可由异途，而正异两途并采者更不乏人，李慈铭即其中一例。这就不能不提到捐纳制度。捐纳制度反映了清代财政之落后性和不合理性。[3]清代财政收入靠正项的钱粮，关、盐、厘、杂税，最大的财政支出为军费。正项收入有定额，即政府所限定的不可少的总额。事实上定额变成了实缴最高的额数[4]，连这限额亦逐年亏欠，以是清廷中央收入时虞不敷。从另一方面来说，正项定额的逐年亏欠，并不表示人民税负的减轻，取之于民者少，相反的是人民负担日重，实际缴纳加多。在人民实缴与政府实收数之间，有很大的差异，有很大的距离。这中间的差异，即为官吏中饱所得。自然，中饱之数又视地方之肥瘠、官吏敲诈勒索的手法而不同。

做官必做"亲民之官"，做"亲民之官"又要择肥缺。做官的人宦囊充实了，人民负担沉重了，清廷中央则历年亏欠，收入锐减。而在支出方面，军需日形庞大急迫。兵员日增，经制兵、旗兵之外，复有勇丁，多数的取之于人民，饷项永感不敷。所以筹饷成为全国财政上最急迫严重的问题。落后和不合理的财政制度，一有非常事故，即感应付无方。同光年间，非常事件频繁，用兵、河工、赈灾等几于年年有之，在这种情形下，中央文官的薪饷，为数虽在比例上微不足道，但亦得减成发放。靠固定俸额收入的京官最感其困苦。不过京官原是做官的一个阶段，京官无不希冀外放。一般说来，今日之京官即翌日之外吏。京官外吏，其出身途径无论是正途或异途，都等于一种投资。官场是一种市场。投资的人第一打算是求本求息。为了求本求息，有限度与过度的贪污为不可避免的结果。这是说清季落后的不合理财政制度和官吏贪污是不可分的。贪污虽为一般默认的例行，但也担有风险。地方官贪污之所得，必须分出一部分来作保位之用。更有一些人复以贪污所得再投资作升擢之本。外官对京官的馈赠便是保位求升的一种不可少的手段。馈赠是京官外官勾结之关键。而京外官之应酬娱乐，酒食征逐，便成了京官外官交结之道。京官仰给于外官之馈赠，外官乞援于京官之通声气。馈赠，表面上看不出是贿赂，事实上是艺术化的贿赂行为。在馈赠的基础上，形成了京官的生活方式：日事饮宴而无所事事。糜烂生活的耗费，远非官职收入所能支持。要维持享受的生活，必须应酬饮宴，由此而得和外官联系勾结。京官的用度无穷，非别辟生财之道不可。其生财之道即在于广事应酬；节简自奉，无异坐以待毙。李慈铭的日记给我们留下来一个京官实际生活方面收入和支出的详细数字。欲知京官之实际生活者，请查看本作第二章，李慈铭自同治二年至光绪十五年中的逐年收入与支出表。本作以李慈铭为例，作为京官生活的典型，也许有人认为失之片面。当然京官中清廉自持者有人，正如地方官中之有少数廉吏一样。然而社会传统及时代风气的力量是不能漠视的，个别清官廉吏正反映了当时大多数官吏之不清不廉。在同光年间，由于落后和不合理的吏制及财政制度，虽有不贪之外吏，有穷困的京官，但个别情形不能视为一般通例。

本作内容主要分为三部。第一章述李慈铭的生平：家庭背景，历次乡试，卖田捐官，乡、会试获中后，由户部学习行走而实授五品郎中，而改御史；由他个人的经历我们可了解一个士人做官的过程。第二章述李慈铭的京官生活，就他的日记所载，分析京官的生活用度，京官的生活方式。京官生活与印结银、馈赠的关系。在李慈铭所收到的馈赠银中，也有京中达官的馈赠，如潘祖荫、翁同龢等时常予以资助，这也是一种变相的贿买，其用意正如外官之馈赠京官一样。李慈铭逐年的收入和支出，除了详表外，本书所附的表一至表六，是根据历年收支详表，予以分析，分类编制而成的。在收入方面，由官职收入对总收入的比率，官职收入和印结银、馈赠的比率，可以见到印结银及馈赠对京官生活的重要性。在支出方面，看了日常基本生活用费的逐年数字后，再和应酬饮宴、娱乐、庆吊、团拜、公分的花费比较，可见后者所占比率之大，这就说明了京官的生活方式；也说明了京官一方面过着糜烂豪奢的生活，一方面又在时时哭穷，常感拮据。李慈铭的生活可说是典型的京官生活。至于光绪九年以后，他受李鸿章之聘，主讲天津北学海堂，束脩丰饶，那原是一种变相的收买。在他个人说来，是一种特遇，对于一般京官来说，外官的馈赠和每月印结银的分摊是生活之所依据，则为通例。外官对于京官之馈赠，其资财乃取之于民。关于外官在地方上敛财之道，应另为一专题。本作第三章只为概括性地就官吏平时及灾患时期的浮征勒索、吞灾吃赈情形，约略予以叙述，以揭示京官的生活与外官贪污的密切关系。在清季落后的吏制和不合理的财政制度之下，中外官吏构成了一个整体，京官乃其中之一环一节，京官豪侈糜烂的生活，寄生于外官贪污搜刮所得的余润之上。

本作基本资料为李慈铭的《越缦堂日记》。[5]这一部日记起自咸丰四年（1854），至光绪二十年（1894）止，凡四十年。内容包括下列各集：

（一）《越缦堂日记》，甲集至壬集〔咸丰四年至同治二年（1863）三月止〕，是即现在所流传的《越缦堂日记补》。[6]

（二）同治二年四月至五年（1866）五月，为《孟学斋日记》，甲、乙、丙三集。

（三）同治五年六月至八月，为《籀诗研雅之室日记》。[7]

（四）同治五年十一月至同治七年（1868）九月，为《受礼庐日记》，上、中、下三集。

（五）同治七年十月至同治八年（1869）三月，为《祥琴室日记》。

（六）同治八年四月至八月，为《息荼庵日记》。

（七）同治八年九月至十三年（1874）十一月，为《桃花圣解盦日记》，甲至癸十集。

（八）同治十三年十二月至光绪五年（1879）三月，为《桃花圣解盦日记》，第二集。

（九）光绪五年闰三月至光绪十五年（1889）为《荀学斋日记》，甲至癸十集。

全部日记，由于不同的原因，中间有若干时期阙失。计为：

（一）咸丰四年八月十九日至十二月底。这一部分的日记"毁于兵火"。

（二）咸丰七年四月二十日至七月一日。"以落解，不及记"。

（三）咸丰九年六月至九月。"以入都，不及记"。

（四）同治元年四月至八月。"中辍"。

（五）光绪十五年七月十日以后至光绪二十年十一月死时止，日记共有八册，为其门人樊增祥借去未还。今不传。[8]

日记中涂乙之处颇多。又因当时借阅者多，间有若干眉批。同时有若干段日记，撰者本人注明系事后追记。不过所有这些情节都与本作所需要的主要资料无关，故不具论。本作所注重的为李慈铭一生中日常生活收入的记录。这一部日记屡经撰者厘订，涂乙之处甚多，但撰者于其诗文，经史考订文字之余，特将日常芝麻绿豆的琐碎收支账目保留下来，为日后研究社会经济史者保留了有用的资料，此为撰者别具卓识之处。所可惋惜的是撰者自光绪十年起，生活情形改善之后，对于一些日常琐碎支出项目已不再如前一一详细登记。不过大体轮廓仍是明显易稽的。光绪十五年七月十日以后的日记虽不传于世，

清季一个京官的生活

但在收支方面，以前各年的记录已构成一种定型。对于京官生活的研究、了解，并无若何隔阂。

本作表格中关于银、钱比价的折算，由于同光时期各年各地的市价不同，在《越缦堂日记》中，大部分有确切的记录，但也有若干年份没有记录，遇有这种情形，乃用前后各年之平均数字。其个别情形如下：

同治元年至四年根据所记北京市价，计：

同治元年　1 两 ＝25,000 文（京钱）

二年　　　　　＝11,168 文

三年　　　　　＝9,250 文

四年　　　　　＝12,000 文

同治五年起到九年，依据浙江会稽的市价，一两折换铜制钱 1670 文。

同治十年起到光绪十五年止，依据北京的市价（有 * 者为平均数）：

同治十年　1 两 ＝10,440 文 *（京钱）

十一年　　　　＝10,440 文 *

十二年　　　　＝10,440 文 *

十三年　　　　＝12,500 文 *

光绪元年至三年 ＝17,000 文

四年至十年　　＝16,250 文 *

十一年	＝15,500 文
十二年	＝12,741 文 *
十三年	＝10,000 文
十四年	＝11,500 文

本作曾承全汉昇先生指正，仔细校读，至为感佩。惟草创之作，舛误甚多，尚祈贤达予以指教。

注　释

1　Ho Ping-ti, *The Ladder of Success in Imperial China; Aspects of Social Mobility 1368-1911,* New York, Columbia University Press, 1962. Chang Chung-li, *The Chinese Gentry; The Income of Chinese Gentry,* 见参考书目 6。

2　许大龄，《清代捐纳制度》，燕京学报专号之二十二，燕京大学哈佛燕京学社出版，1950 年 6 月。

3　Max Weber, *The Religion of China,* Chapters 2-4.

4　H.B.Morse, *International Relations of the Chinese Empire,* Vol.1, Chapter 2, Taxation in China.

5　《越缦堂日记》五十一册，民国九年，上海商务印书馆（照原日记）石印本，北京浙江公会发行。

6　《越缦堂日记补》十三册，民国二十五年，上海商务印书馆石印本。

7　除另注其他出处外，皆引自日记原文。

8　郑逸梅，《清娱漫笔》，香港上海书局 1965 年 5 月印行，郑氏记樊增祥借阅日记事，经过曲折，颇资参考：

至于这部日记原稿问题，记得十多年前，饮于杭州耆宿项兰生家里，听到项老谈到该日记稿本，归其戚某氏以二十万元代价购藏，作为传家之宝。虽这时币制和现在不同，但如此代价是相当高贵的。那么时隔十多年，可能日记原稿仍由某氏珍庋。江云先生所写《李越缦的日记与书札》一文中提到："李氏卒于光绪甲午之冬，年六十六岁，可惜最后几年的日记没有印本，据闻其中有不满樊增祥的语，被樊氏毁掉或是藏起来了，这话不知确否？无论如何，总是一件憾事。"这种消息，我也听到好多前辈这样讲，认为什九被樊云门付诸一炬了，可是不久前会晤苏继卿老人，偶然谈及此事，苏老却见告：抗战前，他老人家在北京，公余之暇，常访书于某旧书铺，见一六十左右的老妇人出入其间，似很稔熟的，问诸书铺主人，才知老妇人乃樊云门的长女。苏老便想到《越缦堂日记》的残缺本，托书铺主人代为探问。樊云门长女说，日记一向由她父亲密藏着，没有毁掉，直到父亲逝世，才捡出让给某书贾，在敌伪时期，辗转被汉奸陈人鹤（群）所获。抗战胜利，由汤恩伯前去接收。从这线索，可知所谓被毁的部分日记或许尚在天壤间，但不悉何时始得出现，把它影印和以前的正续编合为全璧，那不是憾事成为佳事了吗！

郑氏复有一文，刊于香港《大公报》1965年7月9日"古与今"栏，补充前记：

我最近出版的《清娱漫笔》，载有《〈越缦堂日记〉残缺部分的下落》。原来日记的最后数年，确在樊云门处，并没有因其中不满樊氏，被樊氏毁掉，相反藏得很好，直至樊氏下世，由樊的长女卖给某书贾，辗转落入汉奸陈人鹤之手，但陈人鹤死后，不知散落何处罢了。

据我所知，樊氏是李越缦的门人，师弟之间，情谊很厚，樊又对待老师非常崇敬，那么李不致有不满樊处，樊更无毁掉老师日记之理。我在去年，获得李氏家中散出的尺牍数通，其中有李的弟子黄国瑾和樊云门二札，都关怀老师晚年体弱多病，商量进补问题。黄国瑾云："清恙日内何似？至深悬驰。闻云门兄言公服牛乳甚宜，恐外间售者，或揭去精华，或系经宿，或和入浆水，皆无补益。瑾家蓄一黑牛，牛乳甚良，方书言黑牛乳良，其犊亦黑。盖纯阴之性，养阴为佳。谨奉上一瓶，请试用之。"虽所言不合现代科学，然恳挚之情溢于言表，樊云门札云："今日作吊，归已日昳，路经魁和参店，特购山参一匣，送请函丈试服，如有效可多购也。此系清水，转胜于糖炙，黄寿老服之有验，当非虚语，此较再同所买更好也。"所谓再同，便是黄国瑾。樊氏对于老师，殷勤可知。而转瞬之间，便把老师日记，付诸一炬，证此更非事实了。又我友陈左高在陈梦安词人处，见到李的《癸巳琐院旬日记》手稿，乃光绪十九年九月一日至十一日，约万言，朱丝行格，印有"爱礼庐丛钞"五字，下又有"越缦堂杂著"五个较小的字，且钤有"李越缦六十后作"七字朱文印，也是未刊的部分日记，惜乎梦安已逝世，这个稿本，也不知下落了。

〔编者按：樊增祥所借去的八本（实为九本）日记，20世纪80年代在海外被发现。1988年被北京燕山出版社出版，题名为《荀学斋日记》（后甲乙丙丁戊集）。至此，李慈铭日记始以完璧面世。〕

第一章

一个京官的一生

——李慈铭的生平

李慈铭，字爱伯，号莼客。道光九年（1829）十二月二十七日生于浙江会稽。擅长骈体文及诗词。晚年以清流名士高自标置。同光年间，在北京官僚集团中，与潘祖荫、翁同龢、张之洞，并称四大家，被誉为"第一流人物"。[1]

他出身于一个中衰的缙绅之家。[2]会稽李氏一族在咸丰、同治年间和当地的胡、田、徐三姓为四大族。[3]他家中有田产二百余亩，仲弟恭铭先后经营钱铺、当业。缴纳国课时，亦跻于"大户""绅户"之列。[4]

他的功名仕途不算顺适。道光三十年（1850）补县学生员，次年为廪生，应南北试，凡十一次，皆"厄于房师不得中"。失意之余，有一个时期，"绝意于功名"，想买山隐居。

但家中景况日窘，乃于咸丰八年（1858）循例卖田买官。

咸丰年间太平军、捻军转战东南各省，势如破竹，清廷统治区域缩小，税源锐减。云南铜运之途又被截断[5]，而饷项开支浩大，至文武官员俸饷也无钱发放[6]，财政上已濒于破产边缘。咸丰元年起滥铸铜、铁大钱，发行银票钱票；又颁行《筹饷事例》《宽筹军饷章程》；九年复推广捐例，公开卖官鬻爵，以为罗掘之方。[7]于是"正途"之外，广开"捐途"，亦即所谓"异途"。京官自小京官至郎中，外吏自未入流至道员，武职自千、把总至参将；此外捐监，捐封典，均有官定价格可以购置。官市场遂为各官员子弟，以及"市井驵侩，劣幕蠹书，土痞无赖，舆台仆隶之徒"奔竞之的。[8]管理捐务的在北京原为捐纳房，咸丰以来由户部京铜局主持，[9]在外省由各捐局办理。在货币紊乱情形之下，中央及各地方为了奖励"招徕"捐纳，有种种减成、折收的办法。[10]

李慈铭先向上海丝茶局报捐太常博士，缴纳实银一百二十九两。后又改向福建捐局，照"福建票本例"，报捐郎中。[11]郎中的底价原为九千五百三十一两，依咸丰九年新例：贡监银补四成，他是廪生，故加补二十四两，总额应缴九千六百八十四两。可是依减成及折收的取巧，他只缴了八百一十五两。为了凑足这八百余两，他将家中良田出售了三十余亩。[12]

这种减成、折收的办法，各省不同，"豫省以饷票折收，加一成现银，约居十成之二。湖广、川、浙约居十成之三。江西、两广约居十成之三。云、贵约居十成之二。安徽全收饷票，约居十成之一。其余各省无逾三成者"。[13] 因为实缴银数和底价原额的差额，有很大距离，不但在折收上为地方官吏大开舞弊中饱之门，也为买官的人添了便利。一个知县所缴不过"千数百两而已"。[14] 由于官的市价低廉，确收"招徕"之效。可是买官的人数大增，官缺有限，而且捐纳广开之后，有"加捐，改捐，捐升，捐降，捐免，捐加级纪录，加成过班，捐复，捐分发，捐职衔"；免职者可复，犯法者可免议，贪吏亦可购得"清廉"，这样官市场就等于拍卖场。清政府为此添增各种"花样"，故设层层"官卡"，出现银愈多的人，得缺的机会愈大，所谓纲纪为之荡然，[15] 而候补的人得缺愈难。

李慈铭于咸丰九年报捐之时，清军在江南一带对太平军、捻军作战方酣，外又有英、法军的侵扰沿海地区，清廷在大势上已岌岌可危。单以长江下游苏、浙、皖毗连地域而言，到处难民流离，人心惶惶，各处物价陡涨。地方官吏更强征勒收，钱、当各业乘机鱼肉乡民：

比来军需日急，以朘削为事。富者索饷动千万贯。又行陌钱法：有百钱入市易者，率钱二，累而止。山、会两邑，又田一亩，率钱百。民不堪命。质库、钱铺皆厚息数倍；又贱估物价，千不得一；又计直盈十缗者屏之。故有抱千金之宝贸贸然徒倚市门，急不得一钱。[16]

浙江各地如台州、宁波、余姚均发生"民变"。会稽的难民"击毁各米肆。且恐吓云：'将次及富家'，官吏不敢谁何。邻村妇女数百人更迭来强索钱米。浩浩汹汹，追扰不堪。"[17]

各地绅富纷纷迁上海。若干官吏于搜刮之余，逃往定海、上海。宁绍台道张景渠私挟关税二百万两也逃到定海。[18]

就在这大动荡的环境中，李慈铭报捐京官，在咸丰九年二月二十八日偕同友人离乡赴京，准备到北京做小京官。

平时，由浙赴京，都由水驿路程，"由京至浙江省城，水路三千一百三十三里"，寻常驿程为三十日。咸丰元年黄河改道之后，原来的运河入山东境后阻滞不通，"湖路"已不能行。行人须绕道经由"山站"北上。所以李慈铭等一行费时两月有余，始于五月十七日抵京。[19]

这时北京城内表面上是一片熙熙攘攘的社会，实际上局势十分危急。僧格林沁的军队正在津沽同英法军作战。[20]北京城里面因铜、铁大钱，银、钱票钞滥发，引起恶性通货膨胀，物价飞腾。李慈铭到京以后，竟不能早日入部。原来福建地方官收了捐项之后，延不奏报。迟至秋季始行奏报户部。户部责以"初官太常，日久不报"，罚他补缴三百余两。他又将家产出卖济急，不料此款竟为同行知友所私自挪用。[21]在这最窘促的时候，幸他有点诗文名气，得以苟活下去：当时北京的官僚中，有一些人喜诗文结社，延结文士。吴县潘曾莹一家，常熟翁心存一家都赏识他的诗，盛为推崇。大学士周祖培于同治初延请他做馆师，月致束脩六两。[22] 这待遇自不算高，周祖培却还利用他的文才，晚间要他缮写书牍，查阅实录，代拟奏章，工作十分繁重。而六两一月的收入不能维持他的用度。他此时决定"背城借一"，作"孤注之一掷"，向各处借贷，筹款补缴部费。同治二年五月，经掣签、验看之后，方得分发户部学习行走。

照当时吏部铨规，凡捐纳人员，不得分发吏、礼两部。[23] 入部学习行走期间，无官俸。仅分发户部者可得养廉及饭食银。[24] 而养廉银自咸丰三年起亦折扣发放；再经部中书吏侵蚀，所得为数甚微。[25] 比较上还是靠每月分得的印结银。不过他欠部款未清，每月扣抵之后，头几月中已无余数可领。

收入若是之微薄，衙门的工作，又完全听命于书吏。

部中旧例：每曹以满员一人掌印，汉员一人主稿，皆积资久及科甲出身有力者充之。次则满有帮掌印，汉有帮主稿。户部则更有正稿上行走，帮稿上行走各名目。其余曰散行走。事皆决于掌印、主稿二人。其次者虽名参决，实不得与可否，吏具牍画诺而已。下此者惟视吏意：令画诺，则署，不敢问何事。或掌印主稿者持牍白堂上官，命之偕，则称娓随其后行。上堂屏息鱼贯立。俟前者白事毕，则侧行随之。遏不出一语。堂上官亦不知为谁某谁某也。虽庶吉士散馆或中书舍人积资深者，凡新入曹皆如是。赀郎任子无论矣。[26]

京中部院衙门大权稳操于书吏之手。司员垂首听命，还要贴本钱，借衣冠，乘骡车，每晨起早赴衙。自己难以为生，却必遵从衙门陈规，按时打赏皂隶茶役等人。他在户部行走，初派在广西司，后兼属陕西司。所做的事不需文才，有时做例行的稽核堂印工作："稽核堂印。诸吏以次执本对唱，予据牍听之。计划七十余本。画诺，封籖而归。"[27]这是内勤工作。有时被派出外陪祭，递送宫门折子，都要昏夜起身。"三更，诣国子监，陪文庙丁祭。车至前门，骡车仆，极力起之。四更至庙。"[28]这种无聊的陪祭每年甚多，他常借故告病假不到署。这种苦差事，官资深的人可免。"向例：郎员派坛庙陪祀；然资深者不复为之。予以朝不坐，燕不与之人，伛偻庙廷，亦非神明所能鉴及。"[29]这种祭祀，只是苦了一般小官，"各曹陪祀官无到者。御史亦早散归。"他曾屡次托故不去。后来怕犯官规，所以"不得已强行，免罪而已"。因为衙门工作机械无味，因此他渐少到部，即偶到部，"每入，辄忤人。僚友至吏役皆恶之"。司中同僚全开罪了，终日面对这些人竟成了苦事："本司主事王寿彭、顾敦义皆藞苴龋龃之尤者。生与此辈相对，咄咄怪事！"[30]出外祭祀都得衣冠整齐，"买鞋一双，

清季一个京官的生活

钱八千八百。纳锦带版一对,钱十千八百。此先生充赍郎之服饰也。"衣冠须向人借:"向周祖培子允臣借补褂数珠。硕卿借袍、靴。"[31]

不过京官的私生活又颇引人陶醉。一些翰林闲员时常举行诗文酒会。夏有消夏集,冬有消寒集。游逛郊外名刹,笺召歌郎行乐。这些人常邀他参加,把他导入了官僚的糜烂生活圈中。因此经济上日形不支,时常向人告贷,或预支束脩,或向钱铺借款。到了年终结账,负债累累。大部分的债都供酒食征逐、歌郎、冶游的挥霍费用。他感觉到"更三四年必饿死矣"。他的友人劝他戒狎饮、节游;又有乡人劝他回乡。他一方面流恋于歌郎,同时又负债无法清偿;要还乡,则苦无川资。最后在乡友帮助之下偿了债,又为他筹得回乡路费,他才怅然离开北京。于同治四年五月返浙。

经过战争之后,乡里已非安土。居民十之八九死亡逃散,田地荒芜。左宗棠于克复杭州后奏称:"三月初二日进驻省垣。闻无事时城内外居民共有八十一万余口。现除逃亡及死故外,陆续来归及存留遗民,合计不过数万口。一片劫灰,伤心惨目!"[32]"浙西大郡,平时城外阛阓溢填,舟楫辐辏,绿杨如画,朱楼接天。今则乱芜败砾,一片荒凉而已。"兵灾之后,同治四年又有水灾,其损失之重,为"千古未有之劫"。[33]

他回乡之后,以绅士而兼闻名京师的文士,地方官对他颇为礼遇。其时巡抚为马新贻,布政使为蒋益澧,绍兴知府为高贡龄。高和他曾同官户部。这时因大水毁塘，修塘为紧急要务。但是浙郡在籍绅士，因工款的摊分，塘工的承办，倾轧争哄。地方官左右为难，乃把修塘工程交给他这位新回乡的中立分子来主持。他接办后，将工程委当地富户张广川承办，他的仲弟也分得一段工程。[34]

浙抚马新贻颇重视他。左宗棠于浙江底定之后，奏请设立书局，刊印典籍。[35]马新贻聘他为浙江书局总校勘，月薪二十两。又请他主讲崁江书院。凡此均大大增加了他在地方上的声望。但是这些收入，再加田产租息仍不敷他的用度。他在外赁房而居，家用不赀，长随工人两名之外，有媪，有散工。他又以"番金四百枚"买了一个歌娘为妾。同治五年丧母，丧葬之费用去不少，以是迫得向各方告贷求援。[36]到了同治六年穷得以典质维持生计。是年张之洞来浙为乡试副考官。张之洞在北京时和他为文友。不久张赴湖北学政任，坚邀他前往襄助文墨。他在武昌和张之洞相处月余，年底即回浙，参加同治九年浙江的乡试，这次得中第二十四名。他中解之后，十分得意，谓"浙东西古学之士，此榜尽矣"。又说"自问文章亦无过人，而二十年来，潦倒场屋，几绝意于此。今垂老得一乙科，尚烦诸君过相引重，深自可笑"。乡试费用相当大，并非毫无凭借者所可为。他中举后，致送贽礼，缴付墨卷刻费，购买衣袍，修墓扫墓，以及应酬饮宴等费用，花了约四百两。"料检一月来账目，付内外所需几及四百金。寒士得乙科，耗费至是！宜世之以读书为戒！"[37]

中举以后，他即摒挡北上。上次返乡时乘坐南浔号轮船，自言乘坐夷船，为"冒险诡捷，自非正轨。后当切戒，勿再蹈之！"此次却又乘轮北上。抵京之后向户部销假，重入陕西司行走。一面即应会试。发榜之后，浙江"山、会两邑只中一人曰周福清"。他的闱卷为考官霍穆欢所抑。他愤然道："文章有价，信哉！"[38]同治十三年再应会试，考官中万青藜为正考官，李鸿藻、魁龄为副考官，同考官中有王先谦[39]，此次又落第。"全榜又无一知名之士。可太息也！"[40]"闻今年闱墨更较辛未不堪。会元秦某，文极恶劣。孟艺有'牛龀钟，蚕食叶'之语。第二米某，第三路某，尤为不通。万尚书陋而妄。李尚书疏而迂。崇实、魁龄及诸房考，则更混敦矣。"[41]光绪三年应试，又落解。他大骂主考官"鼠辈何足责哉！""国家取士，至于如此。使我犹与此曹角逐，尚得谓之腼然人面哉！"[42]光绪六年，再应会试。是次正考官为景廉，副考官为翁同龢、麟书、许应骙。同考官中有王先谦、陆润庠、钱桂森、鲍临（敦甫）等。翁同龢等大力支持他。此时他在京城文士中地位颇高，随从很多。故入闱有人陪送，陶心云、王弢夫"为助料检"，旧仆随"监试御史朱以增在闱中三场，出入提携考具"。考毕，"（鲍）敦甫出闱，知余卷在林编修绍年房，初不知所谓，以问其乡人陈编修琇莹，陈君力荐之，犹不信。更质之钱辛伯，辛伯谓'通场无此卷也'。始请陈君代拟评语，呈荐于翁尚书，尚书大喜。……本中高魁，后以景尚书取本房一卷作元，乃置第十九名。既翁尚书欲以余卷束榜，始置一百名，而仍刻入闱墨，意别有所在也。……衰颓暮齿，得此何所加损？而诸君之意甚厚，虽无以报，感不能忘。"[43] 他通籍之年已五十二岁。清季科举制度，弊端百出。他虽屡揭其隐，但一旦得中之后，又欣然得意。"自余中进士，喜不自胜者三日。可以属世之有志读书者！"据其自称在通州的友人"闻榜信，通州侨居及奉使士大夫少有耳目者，无不同声相庆。余衰病无状……而虚声至此，弥可愧悚！"[44] 以他这样的名士，中进士之后，自然入翰林院。但是他呈请归还郎中本班。因为翰林院中有若干编修检讨都是事他为师的人，他"羞与少年为伍"，所以宁舍翰林清华而为"俗吏"。是年五月初七日引见后，"得旨准以户部郎中原资即用"[45]。

光绪六年中了进士，虽也照例花了五十余两，向各师座致贽礼，但因社交广泛，声望日隆，却收得二百六十五两的馈赠。同治九年以来，他所交往的人，高官如潘祖荫、翁同龢等外，浙籍翰林院的学士如黄体芳（漱兰）、汪鸣銮（柳门）、陈锦（云舫）、袁昶（爽秋）、许景澄（竹筼）等都十分重视他。另外都察院的一些给谏御史如邓承修、张观准等也常相往来。张之洞、王先谦等与之时有饮宴。这些文士官僚平时饮宴观剧，和歌郎厮混。当时北京韩家潭朱霞精舍为他们时常所到之一地。北京官场中人对李慈铭有种种估计，认为他将来不为学政，则为御史，尤其是后者的可能性最大，为此争与拉拢，[46] 所以馈赠的人逐渐增多。地位高者如潘祖荫、翁同龢等不必说，等而次之的官吏亦时予以馈赠。外省官吏左宗棠、张曜等亦与之联系。

光绪九年直隶总督李鸿章通过他的乡友赵泉（桐孙）、许景澄的关系，请他主讲天津北学海堂。[47]李鸿章自同治九年接曾国藩为直督以来，主持对外交涉，倡办洋务，时受北京一般顽固官僚的抨击；对于李慈铭这样信口月旦，以清流名士自居的人，邀其主讲天津书院自有一番深意。每年千二百余两的束脩，大大改善了他的经济景况。从此他也就成了"合肥相国"的辩护人。光绪十年北京的浙籍人士公推他主掌浙绍乡祠，声誉益隆。[48]

清代官场积习，京官都指望外放，做"亲民"之地方官。李慈铭同其他人的所见相同：做官最好要做知县。但以他的名士地位而言，较易求致的为学政。学政除应领养廉外，在所巡历的地方可收"棚规"。此外尚有种种地方供应及馈赠，他自己也十分希望能得学政。不过这时北京官僚中的派系之争甚烈。他和翁同龢、潘祖荫等接近，而与李鸿藻、张之洞、孙毓文等北籍官僚处于敌对地位。李、张等在清廷中权势日重，所以他受到排挤。以是光绪十四年八月简放各省学政，他未能入选。"是日简放各省学政。外论纷然。无不为余不平。盖当国者各有所主：故癸未翰林得五人，南皮门生也。御史陈琇莹得河南，济宁之婿也。给事中黄煦，编修王丕釐、赵尚辅，皆济宁私人。……余一生偃蹇，不与人竞，当轴衮衮，皆以简傲目之。济宁尤衔余甚。此中得失，何足置怀。"⁴⁹其时清廷由西太后起，公开受贿。做官须有资本；"由县丞升知县，不过数百金，便可分发。革职私罪，皆可开复。不由吏部，径取中旨行之。且可先下旨而后入赀"。较咸同年间之循例捐纳，益为直截了当。⁵⁰原以私罪"永不叙用"之官，都得以报效复官。一个书吏报效一万两之后，可以"请旨简放繁缺"。吏户两部皆不须注册，由"中旨交军机处列于记名请简单之首"⁵¹。张佩纶原是受处分的官，"合肥为之行数万金于海军衙门，乞以道员简放。或云五万金，或云三万"⁵²。而各部院诸司"营营保举，奇闻百出"。贿买得官的人太多了，竟致连市上卖"顶带荷包诸铺户，花翎蓝顶，四品补服，皆卖尽"⁵³。他的做官资本不够，在这种情形下，不能不感叹："士风朝局，涂地至此！吾辈尚栖栖冗郎，老病不去。亦可哂矣！"⁵⁴然而他仍热衷于官场。考差两年两试，两取第一，而皆付沉沦。⁵⁵光绪十五年七月，他的一班乡友黄体芳父子、王可庄、鲍临等共同集资为他捐试俸，考御史。照吏部纸上的规定，"进士补官，无试俸……其先到部，复中进士者，仍须试俸"。可是他的情形不同，光绪六年他是奉旨以原官即用的，例应免试俸。然而朝廷上下求利，"即用"也失其效，非出银五百一十八两捐免试俸，不能得御史。⁵⁶这次乡友聚赀为他经营，深得翁同龢等的支持，所以光绪十六年得补上山西道监察御史。

御史在当时一般官吏眼光中是"冷署"。[57] 清廷在表面上虽也屡下诏书，广开言路，实际上忌讳甚多，稍不小心，即遭议处、降调、革职。樊恭煦为徐致祥求情，遭革职处分；邓承修又为樊之受处过重上言，朝旨责以"故激朝廷之怒，以博直谏之名"[58]；吴峋参阎敬铭，梁鼎芬劾李鸿章，均被斥为"摭拾多款，深文周纳"，交部严加议处；[59] 朱一新参劾李莲英，中旨责其"危言耸听"，予以斥责。[60] 一般所谓给谏、言官已成了名副其实的"御"史，更有人借此敲诈。[61]

李慈铭为台谏之后，也曾数上封事，但所弹劾的都是二三流人物，如顺天府府尹孙楫，[62] 安徽巡抚沈秉乾，江西巡抚德馨，河南巡抚裕宽等。即此二三流官吏亦因有人支持，弹章多留中不报。[63] 光绪十九年转迁山西道巡视北城，督理街道。[64] 这种职位原是肥缺，"此官向名膏腴之地，大率恐吓取赢"[65]。他自称一介不取，"反致赔累"。[66] 光绪二十年（1894），中日战启，清海陆军溃败，朝野震动，李鸿章成为众矢之的。翰林院联名疏参李鸿章"丧权误国"之罪。李慈铭身居台谏，独默不作一辞。"知君者颇讶何以无所论劾！"[67] 以他这样一个"胸无城府""信口雌黄"，肆意月旦的人，在国事危急之际，竟不敢对李鸿章作一字之贬，所谓清流，自令人对之发生疑问了。[68]

他一生"戍削善病"，糜烂的官僚生活更无补于其健康。

光绪二十年十一月二十四日咯血而死。年六十五。无子，以从子孝銮为嗣。

```
○━━━━━━━○
  注　释
```

1　曾朴《孽海花》第五回："唐卿道：'古人说京师是个人海，任凭讲什么学问，总有同道可以访求的。'雯青道：'说的是。我想我们自从到京后，认得的人也不少了。大人先生，通人名士，都见过了，到底谁是第一流人物？今日没事，大家何妨戏为月旦！'（曾）公坊（君表）道：'那也不能一概论的。以兄弟的愚见，分门别类比较起来，挥翰临池，自然让龚和甫独步；吉金乐石，到底算潘八瀛名家；赋诗填词，文章尔雅，会稽李治民、纯客，是一时之杰；博闻强识，不名一家，只有北地庄寿香、芝栋为北方之英。'"

《孽海花》的史料价值，可参阅以下诸书：

（1）《定本孽海花》上册，蔡元培、曾虚白、冒鹤亭等作序、跋，杨家骆主编《世界文库》，台北世界书局刊本。

（2）林纾：《红礁画桨录·序》。

（3）阿英：《晚清小说史》。

2　《日记》同治七年九月五日所记李氏六世谱系如下：

（1）六世祖：登瀛，字俊升，号梅溪，康熙五十一年进士，充武英殿纂修，授内阁中书，分校《月令辑要》《御选唐诗》。选授江西安仁县知县。雍正元年为江西乡试同考官，旋兼摄万年，署鄱阳。为学力主王学，为县令时与布政司李兰不相得，以事谪永平卫，卒于戍，年七十五。

（2）子一，讳杜字端木，雍正中，考授州同知。以居西郭外之横河，号横川。

孙八人：（长）熙字文孟，国子生，号芜园，慈铭之高祖父。（次）建烈字仲武，举人。（少）建煦字载扬，举人。

（3）曾孙二十四人：策堂，字肯如，号构亭，举人，慈铭之曾祖父。筼，字礼如，举人，官陕西洛川县，四川铜梁县。策基字景康、凤诏字丹书、芳春字景蕃、策竣字克如、台字晋云，为诸生。埙字润玉，岁贡生。

（4）玄孙四十七人：钊字辉远，举人，官左翼宗学教习。钦字敬之，号镜斋，慈铭之祖父。青字宸锡，锡勋字诏三，文鉴，为诸生。钰，字蕴山，官州同知，慈铭之本生祖父。镐勋，字配京，官江苏高邮州界首司巡检。钤，官广西苍梧县东安司巡检。

（5）来孙八十余人：光涵，翰林院编修；山西宁武府知府。师泌，举人，官青田训导。攀桂，诸生，官四川云安场监大使。鄂辉，廪贡生，官训导。肇丙、鼎光、漾起、元治，为诸生。光澜，官直隶承德府丰宁县黄姑屯巡检。攀元，官四川新县典史。

（6）昆孙一百廿余人：国琇，进士，官兵部主事。国彬，举人，官刑部主事。国惠，官河南汝宁府通判。国和，拔贡，官八旗教习。庚丙、炎葆、辰丙、辉国、守谦、寿嵩、从龙、寿铭，为诸生。慈铭。恭铭。惠铭。

3 《日记》同治七年五月二十八日："吾族皆出自太高祖横川府君。蓉塘者幼孤寡，贫甚，偕其兄葆亭以商致富至巨万。越中称货殖者，遂有徐、李、胡、田之目。顾葆亭仍敝衣徒步，出入龌龊，为曲谨。蓉塘则入赀为广东同知。归而大起第宅，拥妻妾奴仆，裘马照耀，侈拟邦君。"

四大富人中之徐姓名福卿，《日记》同治九年闰十月十三日："富人徐福卿张筵请客。遂留饮。"

关于李葆亭，《日记》同治九年四月一日："族兄葆亭以孤童积困，佣于同邑张氏，以坚忍謇讷，得肆主心，不十年遂为富人。益持重赴学贾利，家日起。今甲于一乡。越中称徐、李、胡、田四姓是也。"

上述四姓为越中富商。至于浙江世家，又别属一格。

据李慈铭《白桦绛跗阁诗集》癸集《寄怀陶文冲濬宣兼示孙生熹孙》诗序："越中世家惟南堰陶氏，与余姚烛湖孙氏，名德最著。若山阴峡山之何，后马之周，张溇之胡，会稽道墟之章，萧山长河之来，以及新昌之吕，余姚之邵，皆不及也。"

4 《左文襄公奏稿》卷八，同治三年三月二十七日《覆减绍兴府属浮收钱粮折》："浙东八府钱粮征收数以绍兴为最多。……山阴、会稽、萧山诸县完纳钱粮，向有绅户、民户之别。每正耗一两，绅户仅完一两六七分至一两三四钱而止。民户则有完至二千八九百文或三四千者。"又同治三年六月二十七日《覆减宁波府属浮收钱粮折》："饬令统照银数收纳，不准有大户、小户之别。"同治三年十月二十六日《议减杭、嘉、湖三属漕粮大概情形折》："杭、嘉、湖赋重……世家大族，丰收者亦能蹧缓。编氓小民，被歉者尚或全征。且大户仅完缴正额，小民更任意诛求……以小户之浮收，抵大户之不足……小民苦于苛敛，弱者日受追呼。桀者或从中持之，因而窜入大户。以致小民日少，大户日多。"转引自李文治编《中国近代农业史资料》第一辑，第341—347页。

《日记》咸丰九年十一月十四日："自来官吏勒收浮征，民受其害。其征粮也，大家素族，则有成价，大率额银一两，则纳一两三钱至二钱五分者，为最轻，至四钱者为中。下至零田小户，以次递加，有加至五六钱者。余家向加三钱八分。盖自先人来，阖族田至万有奇，屡争之官，始得之也。"

5 彭信威：《中国货币史》，上海人民出版社，1965年，第823—832页。

6 管理户部祁寯藻等密折："今则军需迫不待时，指款悬而无簿。被兵省分，既已无可催征，而素称完善之区，如江苏则已请缓征。山东则早请留用。山陕浙江皆办防堵。是地丁所入万难足额。……盐税所入去其大桩。……关税所入仅存虚名。……现在户部银库，……正项待支银仅存二十二万七千余两。七月份应发兵饷，尚多不敷。……从未见窘近情形，竟有至于今日者。……大局涣散，不堪设想。"（咸丰三年六月十六日折），转引自《中国近代货币史资料》第一辑，中国人民银行总行参事室金融史料组编，中华书局，1964年，第175—177页。

同上书页，祁寯藻奏议筹俸饷办法："查咸丰三年二月内，因库款未能解到，经臣部奏请，将京官俸银分别暂停一年。嗣奉上谕：王公大臣俸入素优，即暂停发给……其文职四品以下，武职三品以下各员，仍着照数给领，发内帑银五十万两以备支放。……现查库银，截至七月十一日止，……其文职四品以下，武职三品以下，约计应放俸银三十八万两，现尚无项可支。"（咸丰三年七月十六日折）

清季一个京官的生活

7 《清史稿》上册,《选举七》,香港文学研究社影印本。咸丰元年颁《筹饷事例》,二年续颁《宽筹军饷章程》,九年推广捐例。见刘锦藻:《清朝续文献通考》卷九十三,万有文库《十通》本,商务印书馆,第8529—8534页。

8 咸丰二年给事中郭祥瑞奏,见《续通考》卷九十三,第8531页。

9 《光绪东华录》(中华书局本),光绪五年正月乙丑:户部奏,捐铜局系咸丰四年七月设立。同治十三年六月改为京捐局,"约计一年所入为五六十万两。其中以'分先前,分间前,尽先前,新班过缺先,谓之银捐,为外省不准兑收者银数较多'"。

10 《光绪东华录》,光绪五年正月乙丑:户部奏,"自开捐以来,各省相继请设局,减成折收。捐纳实职,条例繁多。……捐局林立,各不相下,收捐上兑,久有低昂"。

11 《皇朝经世文续编》卷二十五,《户政二》。孙翼谋《请除近日流弊疏》:"闽省每开一例,以五六折、三四折抵换。票本例每银一两,费二分三厘。"

12 《日记补》己集页67—68,咸丰八年九月十四日,李慈铭卖田报捐实数如下:

一、由廪生捐贡需108两,由廪贡捐太常寺博士衔需750两,共858两(于江苏上海丝茶局报捐宝银129两。咸丰八年二月上兑。九年六月廿五日奉旨)。

二、由捐职常博捐常博 1170 两，由候选常博捐主事 1251 两，由候选主事捐员外 2430 两，由候选员外捐郎中 1152 两，捐足三班 1728 两，捐分发 800 两，捐免保举 1000 两，共 9531 两（于福建票本例报捐）。

三、咸丰九年新例：贡监补交四成银数。廪贡 24 两，增贡 32 两，附贡 36 两，监生 42 两。李慈铭出售田地亩数及所得银数：

地区	土名	地契号数	亩 数	佃户	原租额
单港南崦阪南岸	洋五亩	调字二千一百四十八号	三亩九分八厘七毫	单管章	1003 斤
南港	南港	天字四百六十二号	三亩七分一厘三毫五丝	金大德	1060 斤
南港南岸	窄底	调字二千一百六十二号	三亩八分五厘	李大荣	1217 斤
鸡头港	且角	天字四百三十五号	三亩零二厘零四忽	樊阿桂	1200 斤
鹅池溇南岸	寿裁缝	天字五百五十一号	二亩九分六厘七毫	贺仁德	1710 斤
		天字五百五十二号	二亩八分三厘四毫	贺仁德	1710 斤
南港南岸	黄四头	调字二千一百四十四号	四亩正	韩国瑞	1200 斤
石家溇	黄四头	天字六百三十八号三十七号四十一号	四分二厘六毫一分二分五厘	贺家齐贺家齐贺家齐	250 斤
鹅池溪	眷田	天字五百五十七号	五亩五分六厘	单光金	1710 斤

以上共田三十亩零七分七厘七毫五丝四忽。除鸡头港田三亩二厘四忽，净得二十七亩六分八厘七毫五丝。每亩五十六千，得钱一千五百五十千零五百文。计银八百七十五两。每两合一千六百四十四文，核钱一千四百三十八千四百文。

13 《清续通考》卷九十三，第8532页，同治四年山东巡抚阎敬铭奏。

14 同上书同页同奏折："计由俊秀捐纳州县，至指省分发，不过千金。至捐免保举一成，长收实银，亦仅增数百金耳。持千余金之本，俨然为数万生灵托命之官，宜其只计及州县之有钱粮，未必计及地方之有百姓。"Mary G.Wright，*The Last Stand of Chinese Conservation，The Tung Chi Restoration*，Chapt.v.p.86. 摘译阎奏，译文有误。

15 "现行事例则否：捐途，文职小京官至郎中，未入流至道员；武职千、把总至参将。而职官并得捐升、改捐、降捐、捐选补各项班次、分发指省、翎衔、封典、加级、纪录；外此，降、革、留任、离任、原衔、原资、原翎得捐复，坐补原缺。试俸、历俸、实授、保举、试用、离任引见、投供、验看、回避得捐免。平民得捐贡、监、封典、职衔。""捐纳官或非捐纳官，于本班上输资若干，俾班次较先，铨补加速。谓之花样。"见《清史稿·选举七》。

加藤繁谓"郎中银数为六千九百一十两",显与李慈铭报捐郎中之记载不合。而当时减成折收的办法,加藤繁文中亦未论及。又所述捐纳等类"合计及十余种"。事实上捐纳等类在二十种以上。见氏著《支那经济史考证》下卷,日本东洋文库刊,第487—489页。

16 《日记补》丁集,咸丰七年十月三十日。

17 《日记补》咸丰八年九月十三日:"台郡宁海县民尽变,戕县官,贼首为何、王二氏。"咸丰九年正月二十六日:"闻余姚佃匪屡杀兵勇,不得解。余姚滨海民犷,而巨家征租素困其民。至去年,乡民相约至县报灾,请减租。该县令崔家荫听之。遂纠社立局,更置斗斛以待征租者。大姓邵氏、洪氏、谢氏不从,遂相争斗。会新令来,邵氏等胁令募勇捕诸佃人,且更增粮额,立碑设局,急令输纳。乡民大恐。匪人宣布文、黄春生等遂煽为乱,图烧富人家,夜犯县城,劫所捕人。署绍兴府韩某,海防通刺刘书田往抚,惧不敢进。洪氏、谢氏……亦陈兵勇,与相持。久不决。巡抚胡兴仁遣道员胡元博、麟趾等解散之,不服,乃互相杀伤。"

《日记补》咸丰九年二月二十八日:"余姚贼宣布文等攻杀绅富数人,新观察仲孙懋带勇往剿。"

《日记补》咸丰十年二月二十一日:"闻浙抚警报,为余姚民变戕县官事，今已就平矣。……余姚……自戊午秋，以大姓谢氏征租构衅，守令不能抚，几成巨变，阅半载始弭。今续有此警，亦桑梓之忧也。"

《日记补》咸丰九年四月二十九日："闻余姚事定。实是月初九日已见上谕胡兴仁奏擒捕余姚县匪徒一律肃清，并查明肇衅之绅富、县令，分别参办一折。浙江余姚县匪徒因绅富平日收租苛刻，业佃乘机煽惑，劫犯围城。经该抚派令委用道员胡元博，署宁绍台道麟趾前往晓谕，解散胁从，并派游击黄金友带兵相机剿办。首匪宣布文等胆敢纠众围烧村庄、杀毙绅富。胡元博等分兵进攻，进至余姚、上虞交界地带，将宣布文擒获……并生擒匪首多名……绅士邵元照等把持官府，立碑县堂。复纵勇拿人，以致酿成巨端……邵元照着即革职。"

《日记》同治二年七月二十日："太仆寺卿朱兰为余姚县候选员外郎谢敬请恤。"李慈铭注："敬家富于财。咸丰八年余姚匪逼围县城，敬率所率士兵屡击破之。十年，杭州破，首匪黄春生潜归余姚，谋为内应，敬擒斩之。"

以上所记余姚佃农抗租起事各节，为《咸丰东华录》所未载。李文治编《中国近代农业史资料》第一辑（1840—1911）亦未载。

18 《左文襄公奏稿》卷二，《查抄革员张景渠原籍资产折》。

19 《钦定大清会典》卷五十一，光绪戊申十一月，上海商务印书馆印。朱偰编：《中国运河史料选辑》第八编，《清代嘉庆以后运河失修以至废弃史料》，1962年，中华书局，第130—147页。

《日记补》所记咸丰九年二月二十八日至五月十五日沿途旅程如下：

二月二十八日离家。

三月一日抵杭州。

三月二日自杭州启程，十里临平山。一百二十里海宁州长安镇。

三月三日过石门县城。经秀水、双桥，至嘉兴。

三月四日午过嘉兴城。晚抵枫泾（松江属）入吴淞江，泊牛车浜。

三月六日泊上海对岸。

三月七日抵上海泊小东门外，游洋泾浜。

三月十四日自上海启程。七十里，嘉定县黄渡。

三月十五日泊嘉定西门外。下午游嘉定城隍庙。

三月十六日游嘉定花神庙。

三月二十日开船复赴沪上。六十里泊油车头。

三月二十二日午后抵沪。

三月二十五日开船，三十里周太庙。

三月二十六日四十里青浦县、牌头浜。

三月二十七日午过昆山。九十六里淮亭泊。

三月二十八日三十六里苏州，泊阊门外中水弄。

三月二十九日移泊胥门。

三月三十日夜放舟至接官亭。

四月一日"是日钦差大学士桂良，吏部尚书花沙纳，刑部郎殷成实及布按两司自苏赴上海与夷酋会议和务。舟从之盛，拥蔽江岸"。

四月八日早开船，一百里至无锡，泊锡山驿。

四月十日六十里横林。

四月十一日午抵常州，泊毗陵驿。太平军时围扬州。

四月十五日太平军退归六合，道通。晨抵犇牛镇。

四月十六日午过丹阳，晚泊丹徒新丰镇。"荒城废舍，举目寥落。"

四月十七日辰刻至舟徒镇。

四月十八日渡江，晚抵扬州，泊二道桥。

四月十九日过邵伯埭。"列营相错。""居人尽空。墟市间太半闭户。沿涂难民褓负，纷纷南下，皆六合避兵者。民生之惨，可为蒿目。"暮抵露筋祠。

四月二十日晨过高邮城，夜泊界首驿。

四月二十一日午过宝应县，夜泊淮安。

四月二十二日晨过淮关，巳刻清江浦。"自此舍舟登陵矣。""官军拾烬骨置棳十数，负之归，皆川兵死贼者。"

四月二十三日坐露顶小车。过黄河。"仅洼然一杯耳。向来此处为南北之界，阔几里许。自今咸丰元年河决丰北口，此地遂为绝流。亦古今一变局也。""十里王家营。止汤吉升行。雇车北发。每辆银二十两。是日渡河。闻警，留王营。"

四月二十四日袁浦。

四月二十七日闻贼已退。命仆人做车檐布帏。

五月一日早发王营，三里过河，二十七里渔沟。四十里众兴。"极望黄沙土舍。回忆乡居，如在天上。"

五月二日五十里桃源县仰花集、六十里顺河集、六十里红花埠，"入山东界""自来南人入都皆由桃源经宿迁，邳州，入山东；取道峄县、阴平、滕县、邹县、兖州、滋阳、汶上、东河、东平、旧县、茌平、高唐、平原至恩县，名曰湖路，较为夷坦。""自河决徐丰，又贼陷高唐，兵火阻绝。北行者遂取径山站。自今日分歧，驿程崎仄，艰苦万状。"

五月四日五十里过郯城。十里过倾盖亭。六十里兰山县李家店。

五月五日渡沂河。四十五里过沂州府。四十五里半城。"渐入山径，石骨盆起。"四十五里蒙阴青驼驿。

五月六日百里至沂水县龚家城。五十五里骜阳。

五月七日九十里羊流店。四十五里太安县崔家庄。

五月八日五十里泰安府。五十里垫台。五十里长清县章夏镇。

五月九日七十五里齐河桥。渡河，"自此山路尽矣"。过齐安县。二十五里晏城。

五月十日德州。

五月十五日抵京。（九月十日至十五日止无日记。）

20 拙辑《有关咸丰十年英法联军入京的两种史料》，《崇基学报》七卷一期。

21 挪用他汇款的人为周季贶，字叔云，亦有诗文名。

黄濬：《花随人圣庵摭忆》（香港龙门书局影印本），第149—150页，记周季贶时方捐同知，知闽之丞缺有一小花样者可补，赀不足，乃移莼客金以足之。仅为莼客捐双月之候选员外，莼不知也。贸然入京，欲到部，格于例，不可，乃大困。

22 《日记》咸丰十一年十一月三日：

杜五楼为一顾姓吏馆师，月得束脩十两。都中虽王公家延师友书记，币最腆者，月不过四五两。而部寺诸令吏家，乃往往致数十金。盖国朝胥吏偷窃权势，舞文弄法，高下在心。实以黑衣下贱之流，而据天下之大权。部寺长官不知曹务，惟任诸司，诸司一委之吏。故京师有"堂官牛，司官鳜，书吏剔嬲不得休"之譬。时谣曰"堂官车，司官驴，书吏仆夫为之驱"。

23　行走有两种：一、"入直南书房，上书房，懋勤殿及军机处、奏事处、批本处，皆曰行走"；二、正途，捐途小京官，经委令分发各衙门学习行走，亦称行走。见《钦定大清会典·吏部》，卷七《文选清吏司》。

24　京官养廉"直省每年额解户部饭银 92,300 两。内给户部堂官养廉银 17,200 两。司员，笔帖式养廉银 14,980 两。岁支定为二季，三月支十分之四。十月支十分之六"。《钦定大清会典事例》（光绪十二年敕撰，光绪二十五年刻本。中国台湾中文书局发行）卷二六〇。

25　咸丰三年太仆寺卿李维翰《奏请暂停养廉以充军饷》，乃定文职一品至七品暂给养廉银六成。

26　《日记》同治六年四月七日。

27　《日记》同治二年六月六日。

28　《日记》同治二年八月初二日。

29　《日记》同治四年二月十六日。

30　《日记》同治二年七月十五日。

31　《日记》同治二年十月五日。

32　《左文襄公奏稿》卷八，《进驻省垣设局赈抚筹办情形片》（同治三年三月十三日）。

关于杭州克复后人口数字，《左文襄公年谱》卷三记载较为具体："先时城中民口八十一万。复城，存者才七八万。公设赈抚局收养难民，招商开市。禁军士毋得入民居。"

李玉生撰《浙省志便览》（杭州吏隐斋藏版）卷一谓："未乱时（指太平军战争），城内丁口六十万，现时上、中、下三城，户仅三万。需次之员，十居其一。"是则杭州光复人口尚不及三万。

33 《日记》同治四年闰五月九日。

34 《日记》同治四年六月十四日，记浙绅跋扈情形：

> 王子蕃来以山、会绅士公拟修塘派亩条款，属予审定。莲士所属稿也。闰五月之朔，西江塘决千余丈，东江塘决五百余丈，西塘属萧山，东塘属山、会两邑，而萧山处上游，西塘决水必自三江闸出海，则三县均被其害。东塘决则害不能及萧，故萧人修西塘，山、会协助之。乾隆间萧出资三之二，山、会助之三之一。嗣山、会与萧出资均。至道光己酉之役，计亩出钱，萧山凡田二十余万亩，山、会两县自山田外凡七十余万亩，萧山亩钱二百，山、会亩百，则山、会所出几赢萧之半矣。今之水田苗尽死，又浸淫至四旬余，已迫秋，补种者皆不活，民大困。予在杭州，曾于中丞座上请亟拨款修海塘，又请赈，请年祭，中丞皆许之。而越人无继言者。地方官又颇梗其议。比返越，遇故福建兴泉永道秦君金监为予

言，宜请免粮，派亩捐以修塘。予曰："中丞许振许平粜，则免赋，无待言。田既无获，何能行亩捐？"秦君曰："邑士大夫皆曰可。"予叩其言所出，则发于故湖南辰州知府沈（元太）、故御史章（梓梁）、举人周（某）三人者，因助官虐民，稔恶于乡，乡人所不齿者也。然秦君意在先蠲赋，则事犹未悖；而予数日前先致书中丞及吕庭芷复申前意，庭芷复书云："中丞意以塘工代赈"；又檄故按察使段君光清视海塘矣。未几秦君与沈元太等议免粮不合。但议亩捐钱二百以修塘，众大哗。时新授绍兴知府高君未莅任，摄守李君请萧山在籍御史林式恭、户部主事蒋洽金等至，与山、会绅士会议，林式恭等援己酉故事：萧山亩捐钱四百，山、会亩二百，中取三分修东塘。式恭等不许，遂哄于郡衙。元太等怒而归，闭门不出。段君至馆郡城三日，山、会绅士无一往见者。段君亦怒往还杭州。式恭、洽金皆各欲散去。

于是新守高君及王子蕃、孙琴士、余辉亭等以余与林、蒋辈素识也，属予调停其间，且请往见段君释其憾。予因语式恭等以乡里为念，弗以意气败事。式恭等遂留不去。而秦君及元太等皆往谒段君。乃议山、会亩捐二百外，更赋钱六十，修东塘。秦君复奏请免粮议。式恭大愠曰："此事必不可行，田既补种，焉可蠲赋以欺皇上！倘御史有言，中丞岂能任乎！"洽金等与李摄守群和之，秦君嗫不能语。遂各作色散。议迄不成。而秋泛已近，塘不筑，补插之秋日益枯，民益恐。莲士等乃议条略属予致之中丞，请先停征赋，劝亩捐，而贷盐茶厘金四万钱，亟召工兴筑，且公举予与秦君综其事，予以病辞，而上其议于中丞，并致书庭芷。

承揽塘工的富商张广川和另一富商胡光墉在商业上是敌对关系。《日记》关于张广川及胡光墉有以下记载，《日记》同治五年四月二十三日：

得张广川书，下午出门诣高太守晤谈……作复张（广川）书，（张广川）邑之大驵，庚申辛酉间与杭人胡雪岩操奇赢，各挟术相欺诈，银价旦夕轻重，或相悬至数百千万，钱法以之大坏。商贾遂共煽惑为观望，主军需者至持饷不发。胡倚故巡抚王壮愍，而张与前知府光清昵，益树势倾轧，越事之败，实由两人。及壬戌岁，左宫保在衢州将治辛酉九月越人殴死廖知府事，访主名，越人有不善（张广川）者入其名。遂上章名捕，（张广川）罄资数万缗，事得白，家以之落。顾（张广川）颇勤俭，粥粥为恭谨，以故官吏之牟利者皆喜之。故按察使段光清，前守宁波，大营货殖，与之狎。今盐运使高卿培本小吏，亦深相结。去年西塘役兴，光清承巡抚檄，主其事，遂专任（张广川），以为非是莫能办。及冬，巡抚命卿培勘工役，又独贤（张广川），巡抚亦才之，而越人之董是役者，若故辰州知府沈元太及章嗣衡、周以均等益与朋此相亲爱。高太守者忠谨人也，亦信之。予亦以为能，遂以季弟所修寺山塘未讫工者属蔵其事，盖所费不过二三百缗，而（张广川）故侈其役，需千金，又为所修积岩塘工，补索千金。属予言之太守，会光清已罢去，卿培不得按察使，亦失势。元太等遂疏（张广川），恶之于太守，今日太守为予言（张广川）是两截人。吁！是可以观世变已。故顺文书之。

《日记》同治五年四月二十三日：

胡雪岩者本贾竖，以子母术游贵要间，壮憝故以聚敛进，自杭州至抚浙皆倚之。遂日骄侈，姬侍千余人，服食拟于王者，官亦至监司。左官保初至，欲理其罪，未几复宠。军中所需，皆倚之取办，益擅吴越之利。杭之士夫有志行者皆贱之，不肯与共事。故益专其材，盖出（张广川）上远甚。（胡）字雪岩，不知其名，此辈名字无所别，故不必辨，亦牵连记于此，以验其他日之败。

《日记》同治十年十月二十日引《邸钞》：

> 以江浙官绅捐助棉衣，解赴天津。降诏奖励。……福建补用道胡光墉交部从优议叙。……从李鸿章请也。

《日记》光绪四年五月四日引《邸钞》：

> 上谕左宗棠奏，道员胡光墉历年购办西征军火，筹运饷项，均无贻误，其劳绩与前敌无异，自应重予鼓励……着赏穿黄马褂。

《日记》光绪五年六月十日：

> 翰林院编修何金寿疏："……工头王海属年承办大工，顿成不赀之富，保至三品。以琐琐之工匠，顿获横财，又承爵赏……上海局员候补道胡光墉本一钱商市侩，累保至二品衔、黄马褂，不过以重利借贷西饷，其实他人为之，当可省利银数十万，何功之有！……"上谕："……王海系属商人，非贱役可此，因承办陵工，

着有微劳……不为滥保。道员胡光墉，左宗棠奏称……劳绩与前敌无异，足以赏穿黄马褂。此次沈宝桢等及周恒祺先日奏称知府李金墉及胡光墉等办账出力，自为役励起见。惟沈宝桢等请将李金墉送部引见，系照胡光墉所禀入告，吏部查明与定章不符，请旨更正。"

《日记》光绪九年十一月七日：

昨日杭人胡光墉所设阜康钱铺忽闭。光墉者东南大贾，与西洋诸夷交。国家所借夷银曰洋款，其息甚重，皆光墉主之。左湘阴西征军饷皆倚光墉以办。凡江、浙诸行省有大役有大赈事，非属若弗克举者。故以小贩贱竖，官至江西候补道，衔至布政使，阶至头品顶带，服至黄马褂，累赏御书。营大宅于杭州城中，连亘数坊，皆规禁籞参西法而为之，屡毁屡造。所畜良贱妇女以百数，多出劫夺。亦颇为小惠，置药肆，设善局，施棺衣，为饘粥，时出微利于杭士大夫，杭士大夫尊之如父。有翰林而称门生者，其邸店遍于南北，阜康之号，杭州、上海、宁波皆有之，其出入皆千万计，都中富者自王公以下，争寄重资为奇赢。前日之晡，忽天津电报言其南中有亏折，都人闻之，竞往取所寄者，一时无以应，夜半遂溃，劫攘一空。闻恭邸文协揆等皆折阅百余万，亦有寒士得数百金托权子母为生命者，同归于尽。今日闻内城钱铺曰"四大恒"者，京师货殖之总会也，以阜康故，亦被挤，危甚。此亦都市之变故矣。

《日记》光绪九年十一月十日：

作片致介唐属代取见银，以今日闻四恒号将闭，山西人所设汇局皆被挤，危甚也。使诸肆尽闭，京师无富商大贾，外内货贝不通，劫夺将起，司农仰屋之筹，益无可为矣。

《日记》光绪九年十一月十九日：

上谕：给事中邓承修奏请责令贪吏罚捐巨款以济要需一折……另片奏：阜康银号关闭，协办大学士刑部尚书文煜所存该号银数至七十余万之多，请旨查明确数，究所从来，据实参处。

《日记》光绪九年十一月二十六日：

上谕：文煜回奏称，由道员升至督抚，屡管税务，所得廉俸，历年积至三十六万两，陆续交阜康号存放等语。所奏尚无掩饰，惟为数较多，着令捐银十万两，即由顺天府向该号商按照官款，如数追出。

《日记》光绪十年闰五月五日引《邸钞》：

上谕：顺天府奏请旨催解充公银两一折，现在顺天办理赈务，所有阜康银号应交充公银十万两……即由刘秉璋严行催追……

李注："此即文煜之银也。文煜所寄存阜康者不下百万。胡光墉已稍稍还之。且以杭州所置药肆名庆余堂者，抵偿亦不下廿万两。朝廷所索者，不顾。府尹周家楣与胡深交，特以此奏掩外人耳目耳。"

35 《左文襄公年谱》卷三。陈其元《庸闲斋笔记》（上海文明书局石印本）载："今各直省多设书局。事肇于左爵相，局则肇于宁波……以乱后书籍板片无存，饬以羡余数千两，刊刻六经。嗣杭城收复，复于杭城设局经理，乃移宁波工匠从事焉。苏州、江西、金陵、湖南、湖北相继而起。经史赖以不坠。皆爵相之首创也。"

36 《日记》同治六年十二月二十七日："昨孝达馈百金，辞曰束脩。……余既将归，不遑襄校。枉此捐惠，终觉伤廉。"《日记》同治七年正月十五日："孝达以朱提二十四两赆行。"

37 《日记》同治九年九月十五日、九月廿二日、九月十六日。《日记》同治九年十一月二十一日："付十一日宴客厨馔费五十番金。……决意谢客，而以祭先之馂速诸亲友，犹所费如是。吾乡市物之贵可以概见。"

38 《日记》同治十年四月十三日。

39 《日记》同治十三年三月六日。

40 《日记》同治十三年四月十三日。

41 《日记》同治十三年四月六日。

42 《日记》光绪三年四月十一日、光绪三年四月十三日。

43 《日记》光绪六年四月十三日。

44 《日记》光绪六年四月三十日。

45 《钦定大清会典·吏部》："凡特旨用者，则别为班焉。奉旨以某官即用者，为即用班。"即用班不受铨选单月双月的限制。

46 《孽海花》第十九回描写小燕（户部左侍郎张荫垣"樵野"）和稚燕（其子张垲征）的谈话：

小燕道："姓李的就是李纯客，他是个当今老名士，年纪是三朝耆硕，文章为四海宗师。如今要收罗名士，收罗了他，就是擒贼擒王之意。"……稚燕道："这位老先生有甚么权势？爹爹这样奉承他呢？"小燕哈哈笑道："他的权势大着哩。你不知道，君相的斧钺，威行百年；文人的笔墨，威行千年。我们的是非生死，全靠这班人的笔头上定的。况且朝廷不日要考御史，听说潘、龚两尚书都要劝纯客去考。纯客一到台谏，必然是个铁中铮铮。我们要想在这个所在做点事业，台谏的声气，总要联络通灵方好。岂可不烧烧冷灶呢！"

47 《日记》光绪九年十月九日："得赵桐孙是月五日天津书，言天津问津书院新设北学海堂，合肥使相欲延余主讲席，岁脩约千余金。"《日记》光绪九年十月廿一日："得许竹筼书，言昨日至京，以桐孙书见示，再致问津书院之请。"《日记》光绪九年十月卅日："得许竹筼书，言合肥使相必欲延主问津。桐孙为陈五可就之说。……下午诣竹筼久谈。竹筼又出桐孙昨致彼书，言合肥之间意甚切。"

48 《日记》光绪十年二月廿二日："上午诣浙绍乡祠以钟六英太仆掌祠交代也……太仆欲以属介甫，而诸君以推余，不得已受之。"

《日记》光绪十年五月廿三日：

云门来夜谈。近日南皮丰润两竖以朋党要结，报复恩怨，恶余之力持清议，深折奸萌。二憾相寻，欲致死力于我。遂广引纤子，诱以美官。南皮俭腹高谈，怪文丑札，冀以炫惑一时聋瞽，尤恶余之烛其隐也。故日寻干戈，以云门盛气负才，益笼络之，诱以随往粤东为掌书记。甘言重币，煽惑百端。许以捐升同知，或登之荐牍，擢以不次。幸其叛我，多树敌仇。丰润宵人，弄姿自昵，承南皮之余窍，假高阳之下风，依附虎皮，张歙虺蜥，屡发狂谵，甘作戎首，既知得罪于余，亦力挽云门以为余难。陕西巡抚边宝泉者，汉军旗人也，亦巧宦而不学，与南皮同年同乡，夙相樛附，丰润因娶其女为后妻，而女丑甚。丰润初娶吾乡朱修伯大理女也，昔年丰润之生母死，旋又丧妻。未及小祥，娶一妾，惑之甚。及服阕而娶边女。边女既陋，丰润不礼之。惧宝泉之怒也，因谋之南皮，合力推挽于高阳，擢之为秦抚。因语云门曰："边公唯我所为也。已为若先容，当留置幕府，择善地，或即权首邑。"云门既恶所选宜川，山北苦寒，且荒瘠甚。闻丰润言不能无动。继入南皮饵，遂欲从之过岭。余谓之曰："仕宦惟州县可为。舍自有之官，而入他人之幕，已为非计，且君以有母呈请近地，今远适岭外，必致人言；即吏部亦必格之。虽南皮悍然不顾律令，君何苦以自累？现在朝廷既停事例，何例可捐？况不就真除之县令，而求铜臭之冗丞，毋乃悖乎定制！凡实授官必到任始许捐升，南皮固全不识吏事，君何昧耶！"云门虽不然余言，然亦因此自阻。观于交际之变幻，可以验世会之睢刺，世无尼父，岂有颜回！况余与云门本无定分，翟公署户，岂争一雀之入罗，阴生授徒，未有双凤之投贽，既欲割宁之席，不弯彀羿之弓，我岂容心，彼何过计！

49 《日记》光绪七年三月廿五日："昨夜梦放贵州知府。邑邑之甚，如当时落第时。醒而思之，可发一笑。额外赀郎未知几时得调，望出守如登天，然则贪嗔之心，寐甚于觉矣！"

50 《日记》光绪十四年十一月十一日。

51 《日记》光绪十四年十一月十二日。

52 《日记》光绪十四年十一月十二日。

53 《日记》光绪十五年二月十八日。

54 《日记》光绪十五年二月十八日。

55 《日记》光绪十五年七月八日。

56 《日记》光绪十五年七月八日："向例进士补官，无试俸。……其先到部，后中进士者，仍须试俸。然既奉旨以原官即用，且先给半俸，则例应免之。……此部吏舞文，最不平之事也。余补缺……将届三年，而捐免试俸，仍以三年，计需五百一十八两。不缴此数，则不得保御史。"

57 《日记》光绪十四年六月五日，京官有资历者多不愿保送御史，"盖户部以御史为冷署，多不愿送也"。《日记》光绪十二年四月十八日："阅今日点用御史名单：自第一名至十六名止。（胡）光甫及金忠甫皆得记名，徐亚陶、廖镜明、吴澍霖，皆不得用。三君皆年七十有余矣。"

58 邓承修：《语冰阁奏议》（文海出版社影印本）卷七，光绪十年十二月十四日，《请宽讲官处分以作敢言之气疏》。又《光绪东华录》，光绪十年十二月丁丑，上谕，又同书同年月丁亥上谕。

59 《光绪东华录》光绪十年七月丁巳上谕。

60 《日记》光绪十二年八月廿五日。

61 《光绪东华录》九年二月戊午，《给事中张观准向启俊索借银二千两，意存恫喝案》。

62 《光绪东华录》光绪十九年正月乙未。关于李慈铭参孙楫一事，黄濬《花随人圣庵摭忆》第250页载："李莼客得御史后……即参顺天府尹孙楫'辱詈属员，威迫自裁'。属员者，东路同知郝联徵，为兰皋先生之孙。而折交潘文勤查复。文勤徇情面，强取郝氏家人切结了案。莼客因深鄙郑庵。"黄濬所述全非事实。李慈铭弹劾孙楫，时在光绪十八年十二月，潘祖荫（文勤）早于光绪十六年十一月故世。与潘无关，所谓"莼客因深鄙郑庵"

云云，纯属杜撰。谨按奉命查覆此案，前后两次。第一次交徐桐、翁同龢，后交麟书、薛允升查核。见《光绪东华录》，光绪十九年十二月丙寅。

63 《清史稿·文苑三》，李慈铭传。

64 御史管理街道始于乾隆三十一年。《日记》光绪二年六月二十六日录戈涛（芥舟）《坳堂诗文集钞》之《新建街道公署记》文："乾隆三十一年始命御史二人，工部及步军统领衙门司员各二人，督理街道沟洫。"时学士以御史膺其选。创建公署于三里河西，更定条规。

65 《艺文丛刊》第一辑（香港商务印书馆），内录李慈铭《致傅以礼书》。傅以礼（节子）时官闽中，为李多年至交。《日记》光绪七年六月廿九日："上谕。都察院奏：《街道厅干预五城事务，请旨撤去差使》一折'京城铺商贸易如有应行查办之事，向由巡城御史核办。给事中孔宪毂管理街道，辄即拟定章程，论令炉房商人遵办'。实属任意干预。"李注："街道御史自去年李璠狼藉索贿，致赃数万。及其去也，市肆相贺。宪毂继之，贪秽弥甚。凡修造墙产者，皆勒索之。都中炉房二十六家，每家索银四百两。至被控而斥。台纲扫地尽矣。"

66 《艺文丛刊·致傅以礼书》。

67 平步青（景荪）：《李慈铭传》。

68 文廷式《闻尘偶记》："李莼客以就天津书院，

故官御史时，于合肥不敢置一辞。甚矣，文人托身不可不慎也！"徐一士《一士类稿》：李慈铭与王闿运"清流集矢李鸿章，为一时风气。慈铭在言路，不劾鸿章，故廷式病之"。

第二章 京官的生活

一　由李慈铭《越缦堂日记》中所见的京官生活

李慈铭本人仕途的经历，可作为大多数京官仕途的一个实例。第一，他原由捐途出身，照捐纳章程捐得小京官。后来中了进士，再遵正途而依铨选规程获得实授。这种正异两途并用，在清代咸丰以后，人数相当多。第二，由同治二年（1863）到光绪十五年（1889）二十六年间，他的官吏生活过程，经过三个阶段：三年多的学习行走，十多年的候补，最后得授实缺。这是一般官员所经的阶段。所以，他的京官生活是大多数京官的具体个例，这种个例可以代表一般京官的情形。

现在我们要研究的是京官的经济景况，京官的收入与支出。19 世纪 60 年代以来，西洋国家叩关求市，以政治经济手段来侵蚀大清帝国，近代财政政策成了推行国策的利器，不专在增加国富，而且有其重大的经济及社会意义。同时期的清朝则仍停滞在落后的封建状态，清代财政制度之落后，京官的待遇即可征其一斑。京官的生活靠合法的与非法的陋规，靠捐纳人员的印结银，靠外官剥削人民后以其余脂残膏对他们的馈赠。馈赠和印结银成了一般京官生活之经济主源。我们现在第一步先分析京官生活的实际情形，研究一般京官之所以入不敷出，连基本生活都不能维持的原因。换言之，要探讨京官之所以穷，其故安在。

京官之穷在清季是一个肯定的事实，士大夫不讳言之。在传统的社会中，穷并不为耻，士大夫且认为穷乃君子之本质。京官固穷，即外省疆吏，地方道府州县，虽有优厚养廉，可借陋规、勒索、浮征，充裕宦囊，也都喜对人言穷。郭嵩焘在给他家人的一封信中慨然说："身为督抚，岁支养廉，良亦不薄……而畏人訾议，一身服食起居，多怀顾忌。……必自谢曰：'吾无一钱。'左季高（在军中日以为此言）、沈幼丹（江抚，归装四万金，而以卖字为生）皆为此语。吾弗屑也！"[1]

京官收入的分析

清代京官俸饷的编制，大体上沿袭明代旧规，略加删改。雍正二年起，外省官吏耗羡归公之后，加给养廉。京官待遇没有变动。乾隆元年起，京官照原俸加倍发放。原额称为正俸，加俸称为恩俸。因此，京官得支领双俸，俸米亦照原数加倍发放。[2] 但是双俸的办法并非对所有大小京官都适用。凡部院额外官员，虽进士奉旨学习行走者，裁缺另补，病痊候补者，拔贡以七品小京官学习行走者，顺天府府尹所属以及五城司坊官，虽都是京官，却不得支恩俸。各候补官员也不能支双俸。[3] 此其一。由捐纳出身，分发各部院的小京官，在三年学习期满之前，一律不给官俸。其中只有被分发户部的人可领养廉。这些额外京官，以及捐纳出身分发学习的试用官，在咸丰以后，同光年间，人数很多，所以有许多小京官是无官俸收入的。京官俸饷的规定只适用于编制以内的官吏，不属于编制以内的京官根本无官俸可领。此其二。即在编制内的京官，他们的官俸，自咸丰以来，无论俸银、养廉都减成折扣发放，不能获得足额。直到光绪十二年正月开始，才恢复旧制，照俸饷全数发放。[4] 此其三。

京官俸饷虽自光绪十二年起照旧例发给，但自咸丰以来京官所依以为生的是印结银。

印结是清代官吏铨选陈规的一种例行的保证手续。捐途出身的人，不论所捐官职品级之高低，都要缴具同乡在职官吏的保结。这种保结一定要缴纳一笔结银，才完成手续。印结银自咸丰以来，迄同光年间，由各省在京现职官员管理。以浙江省为例，浙江省的印结银由浙籍在京官员中之进士出身者轮流管理分配事宜。[5]每月结算，按总数之多少，分配于各京官。这每月分配的印结银便成了一般京官生活之主要收入。捐官的人愈多，京官的分配比额就愈多。这现象可以说是以未来的官养现在的官。捐纳制度维持一般京官的生存，对于政府来说，捐纳制度成为财政收入上的一个项目。这样就产生了一种矛盾。京官固依印结银为命，但捐纳的人愈多，现有官员的补选机会就愈少，竞争性愈大。不问候补时期之久暂，唯视捐纳者的银钱的数目的多寡为补缺之先后。资多者优先得缺，资少者可能永远候补。官缺有限，捐者无穷。所以印结银虽养活了京官，也部分地断送了他们升擢之途。实际上，印结银是捐纳求官的人所出的小数目，最大的支出为官位的底价。咸丰以来，多次用兵，水旱灾情，河工糜费，各种洋务事业的举办，以及对外赔款，致财政上收入锐减，支出浩大，弥补方法之一即大力推行捐纳，以卖官鬻爵的方式来增加财源。一般京官因此也就得分沾其余润。而在买官者方面，因买者既多，分发机会相对地减少，不免意存观望，裹足不前，清政府有鉴于此，为了广开财源，采招徕之术，用减成折收的办法，将实缴官位底价大大降低。这样一来，印结银的缴纳与否引起户部及各省的不同的意见。光绪七年起有许多省份拟停止印结银办法。印结银一停止，京官的生活即受到严重的威胁。"近日户部百计求利，谓捐例既开而无来者，由印结之费太重。因议裁此费。凡户部上兑者概不须结。于是京官之恃此为命者，皆当立槁墙壁矣！""此事将绝，吾辈首阳之期至矣！"[6]

京官的生活和印结银的关系，具体情形请参看表一（见第 67 页）。李慈铭自同治二年入户部学习行走，到光绪六年中进士之后，才奉旨以五品即用。"即用"并不是立即可有官缺。"即用"是铨选的一种例格，仍是候补，不过可支正俸之半罢了。在这期间，他的官职收入每年只有养廉一项。他的养廉收入最多的一年是光绪二年，为数四十三两七钱。最少的时期，是同治二年、三年，每年仅得八两八钱。就是这微不足道的养廉，其来源也非出自政府财政正项，而是各省缴部款时，所缴户部的额外饭银。印结银一项在京官收入中最重要。以他这样一个末员，每年所得的数目，最少时是一百一十八两，最多时达三百八十六两余。由此可以明白京官收入和印结银的关系。

光绪六年起，他列于五品即用班，可领正俸之一半，可是政府财政困难，仍照咸丰以来的办法，八折发放，每年仅得三十二两。在他候补期间，养廉最多时为四十两，最少时不足二十两。主要收入依然是靠印结银。到了光绪十三年才开始领五品全俸一百六十两。如前所述，这办法是由光绪十二年起施行的。然而就每年全部收入来说，印结银仍然是最重要的收入。这一方面说明了清季京官生活之仰赖于捐纳制度的印结银，一方面说明了清季财政方面俸给制度之杂乱无章，没有正项俸饷来维持多数京官的生活，要从缴部饭银中拨出钱来点缀，令大批的官吏在捐纳制度下苟活。

再就京官官职收入各项综合所得而论，以李慈铭的情形来看，无论在行走、候补或实授时期，他二十多年京官生活过程中，官职收入最少的一年，是同治四年，仅得一百一十九两余。光绪年间，十五年以后的记录不存。在十五年以前，收入最多的一年为光绪五年，总数为三百八十六两余。如果平均计算，则行走时期每年官职收入为一百七十五两。候补期间每年为二百一十五两。实授期间每年为三百九十七两。至于他个人因文才关系，额外的私人收入如润金、束脩，以非一般情形，又当别论。

京官经济窘困的真相

根据李慈铭所记他本人及其他京官的情形，以及同时期他人的记载，令人觉得一般京官生活之拮据，真是令人"毛骨悚然"。先以大官为例："咸丰十年，袁希祖阁学暴卒。启其箧，仅白金八两，无以为殓。公卿为率赀具棺。袁以阁学摄礼、兵二侍郎，素无清名。去岁方自闽典试归，而其贫至此。京官之况可想。"[7] 一般中下级的京官较之大官情形更差。李慈铭的族人，一个刑部主事，"贫悴不堪""门庭萧索，屋宇欹漏，使令不供，人有菜色"[8]。李慈铭本人时常穷得"几不得举火"，[9] 时时把衣服典当，久而不赎。[10] 向钱铺借钱，有时不能依时偿还。[11] 在光绪六年以前，除了回乡一段时期外，在京十余年中，无一年不典质借贷。京官生活之困苦如此，人们要问何以仍有众多的人竞求一官半职？何以这些穷京官不辞官回乡另寻其他出路？何以候补、捐纳之人仍在逐年增加？（京官每月分得印结银之增加说明谋官者人数之多。）在解释这若干疑问之前，我们先研究一下京官官职收入的实际购买力。

京官和外官一样，其俸银是以银为支付手段。白银的价格表现于对铜钱的比价，也表现于米价。就一般物价趋势来看，清代自乾隆元年以来，到光绪十年左右，这一时期中，白银的购买力大约低了三分之二。[12] 这期间又有间歇性银贵钱贱的地方性的波动现象。道光以后，咸同年间，银价又有上涨的波动。[13]主要原因是钱法紊乱，铜钱贬值，钱钞滥行，以及白银外流。银贵的现象在若干地区都很显著。在银价上涨地域，以银为支付手段的京官，较之民间之以钱为支付手段者，所受利害迥然有别。京官俸饷为银，除俸银外，每年尚有俸米。以五品京官为例，每年有十五石六斗的俸米可得。俸米虽然有时短秤质劣，但也有时"洁白可食"，每石可得一百二十斤左右。[14] 如果折银发放的话，每石作三两计，每年可得四十六两余。[15] 这样，单以五品京官的俸银俸米两项合计，每年可得二百余两。养廉尚不包括在内。以这种收入和同时期的其他阶层的人来比较，京官的官职收入并不菲薄。我们现在以同时期的兵士和工役两等人的收入和京官收入作一比较，借以了解京官官职收入的实际所得。

清代兵饷，绿营的经制兵和旗营有别。制兵的待遇分战兵、守兵。战兵月饷为一两五钱，月给米三斗。守兵月饷则仅为一两，月给米三斗。[16]这种规定和官吏俸银一样，历久未更。兵饷的额数和一般平民生活用费相差的幅度不会太大。以李慈铭在同治年间行走时期所得的官职所入，平均一百七十五两来比较，则等于战兵年入九倍有余；候补时期平均年入二百一十五两，约为战兵年入十二倍弱；实授时期平均年入三百九十七两，约为战兵年入二十二倍有余。诚然，制兵的待遇较低。咸丰初年，湘军创办之始，勇丁的待遇，由曾国藩等拟定，是较为优厚的。湘军月饷四两二钱，长夫月饷为三两，淮军亦照此定额实行，[17]当时公认为优裕，可见湘淮勇丁的月饷较一般人民生活费用数字为高。以湘淮勇丁月饷来计，则京官的收入：行走时期等于勇饷的三倍；候补时期为勇饷的四点三倍；实授时期为勇饷的八倍弱。

我们再以工役的收入作例。[18]根据李慈铭本人的情形，他的仆媪所得的工资，自同治二年以来，一直到光绪中，男仆每月工资为京钱十千文。这是年长得力的仆人的工资。年轻仆人的工资约为上数之半。女佣的工资，平均每月较男仆少两千。由同治二年到光绪十五年中，银铜比价波动很大。京钱对米的购买力亦有不断的波动。这十千文京钱的工资，以同治十一年为例，折合银子，约为九钱五分。[19]用以购米，可得二斗七升。到了光绪元年时银价少跌，约合银一两。[20]到光绪三年时北京钱银价又变，每两合钱十七千文。[21] 当时北京米价，每斤为五百文。[22] 工人每月的工资只可购买二十斤的米。如以此数购买小米，则可购二十五斤。北京一般平民是吃小米面的。小米面的价钱并不低，每斤合四百六十文，所以一月的工资仅可购买二十一斤七两余。

根据以上两种比较，则知京官的官职收入的购买力，远远在一般生活费用水平之上。单说俸米一项，每月的俸米平均以一石三斗计，每石又以一百斤折实计算，即为仆役每月工资的六倍有余。如将俸银、养廉、印结银合并计算，则京官的收入更为平民所不及。以京官的收入来维持基本生活用度，当绰然有余。这可说明京官之穷并非全由于官俸之菲薄，可是京官之穷又是事实。一般人言由于官俸菲薄，乃泛泛之论。[23] 只有极少数人认为风俗之日趋浮华是官吏不能自给的原因。[24] 然则京官的典当借贷生涯，其原因又安在？要明白京官之所以穷，我们当自京官官场积习，京官生活方式说起。

京官的官场积习和生活方式[25]

北京各部院衙门有一种传统的习惯，下级官吏对上级官吏要致送各种名目的节礼。对于大官的仆役、舆夫、门房要送门包、门茶。对于本衙门的众多茶房、皂隶等仆役要按节犒赏，对于各种传达役胥要犒赏，这种犒赏费用为官员必不可少的开支。在北京的严冬季节，李慈铭穷得把自己的皮袄送进了当铺，但必须给夫、衙门的仆役以皮袄赏。京官要保持京官的身份，犒赏即保持其身份之一端。

吉庆丧吊，公宴份子是京官生活中又一重要部分。有时穷无分文，也得借贷来应酬。这也是一项必需的开支。一方面由于官场风气，一方面由于地域广阔，所以京官出入一定要乘车。每天上下衙门，以及朋友往还，都得乘车。在李慈铭日记中，每日的车费积算起来是相当大的一笔开支（见各年支出表）。

京官有许多时候要衣着如仪，朝冠朝服，以及靴鞋、朝珠都花费很大，许多京官虽为官多年，仍无力具衣冠，有时向人借用。[26]

现在我们再来分析一下京官的生活方式。一般言之，京官大都讲求宫室、姬妾、舆马、仆役、歌郎、戏曲、冶游、饮宴，都追求糜烂生活的享受。

第一居处，京官讲求宅第。以李慈铭为例，在光绪十年以前，生活用度是十分拮据的。但是他宁愿出高的租金，赁居宏敞的大宅。从同治十三年起，即租居有名的保安寺街，故闽浙总督季文昌的旧邸。有屋二十余楹，有轩有圃，广植花木，气派宏阔。同治十三年他官职收入为一百二十三两余，每年的房租即达四十八两。修筑、布置、花木的添置尚不在内。光绪六年起月租增为六两，每年租金为七十二两。这种情形，并不突出，当时京官中，如王仁堪、王懿荣等亦无例外。王仁堪住宅

"寰宇华邃"[27]，王懿荣的府第"室宇华奂"。[28] 这种排场自是很重的担负。

第二姬妾，单以李慈铭的情形为例，同治五年在乡时虽穷促无以度日，却各方凑借，以四百圆番金购买一歌娘为妾。在北京时期，光绪初年华北大旱，灾民出售子女。他又先后选购两妾。为了买妾，自己资金不够，要多方乞借。有一次他向张之洞借五十两，只得到了十两，为之怅然不欢。

第三仆役。在光绪十年以前，李慈铭经济窘困时期，常常雇用仆人三四人、女佣两人、更夫一名、厨师一名、车夫一名。这些人不但要付工资，而且要按一年三季犒赏（见表四）。

第四歌郎、戏曲、冶游，这是京官生活的一个重要部分。根据李慈铭本人的记录，他每年用于歌郎、戏曲、冶游方面的支出是很可观的。他在这一方面毫不吝啬，一掷十金。以光绪三年为例，是年他的仲弟在乡饥饿而死，而他在北京一年之中却花了一百多两于酒食声色之征逐："余虽穷……酒食声色之费亦不下百金。通计出门七年以来，寄弟者不过十金耳。"[29]（见表三）

第五饮宴，饮宴原和笺召歌郎有连带关系，大致有饮宴必有歌郎。而饮宴在京官生活中几无虚日，每月有一半以上都有饮宴。糜烂的生活虽然使他们时常窘困，却十分有陶醉性，使京官们在腐化的生活圈中流连不舍。到了债台高筑，实在不能过下去时，也不愿离开北京。同治五年李慈铭穷得不得不离京返乡，一出都门，接触到了现实社会，"泥店镫昏，掩襟孤坐……回忆都下酒边婉娈，倚肩曼声，顿有天上人间之感。"[30]并非他一人如是；许多京官穷得要回乡了，但回乡后又决心再回来。[31]何以故？因为"里居之贫，甚于客中"。北京有糜烂的享受，乡居相形之下就过于清苦了。

这种生活方式，需要十分充裕的收入来支持。京官的官职所入是固定的，又如何能供给这种挥霍？要解答这个疑问，当明了北京商家的习惯。北京的商家习惯，一年之中按三季，五月、八月、十二月结账。饭馆如是，商店如是，即歌郎冶游，缠头酒资也可挂账。[32]到结账时期也可以拖欠，长时拖欠固可招致纠纷不快，而短时期的拖欠并不损官吏的尊严。在官员之中亦视拖欠为常事，不以为怪。[33]

在另一方面，正因为这种方式，将钱用于饮宴征逐，所以日常基本生活用费便感无力应付了。虽然衣服送进了当铺，家中有时不能举火，但不妨碍外面的应酬，何况饮宴又是一种生财之道。

饮宴酒肉征逐之所以为京官生财之道，其症结在京官与外官之关系。首先，京官都想做外官，做亲民之官。外官可以剥削，可以敛财。外官可得陋规，可浮征，可勒索，但是也担风险，时时有被参奏弹劾的可能。同时外官有了资金之后，又都想升转。这样就必须在京官中有知己、有党与，广结交游，通声气，添臂翼。因此凡京官外放，外官回京，都要对一般京官予以馈赠。而京官方面为了得分沾余惠，亦多方搜求，借年谊、乡谊等各种关系，多方探听。一有外官到京，即有人奔走，联合邀请。京官逢迎外官的风气，十分通行。我们姑举几个实例，以括其余：

> 庚午同年来告：十二日方盛馆张乐公宴安徽巡抚裕禄。其弟编修裕德，庚午举人也，故宴之。京官贫不能自存，逢一外吏入都，皆考论年世乡谊，曲计攀援。先往投谒，继以宴乐，冀获微润。彼外吏者分其腋削所得，以百分之一荤致权要。馨其毫末遍散部院诸司。人得锱铢以为庆幸。于是益冥搜广询，得一因缘，动色相告，趋之若鹜。百余年来成为故事。[34]

京官为求分沾外官馈赠，逢迎无微不至，以吴县潘氏世族亦不能免。

> 上午诣王子敬小坐。见潘星翁及秦宜亭为所画扇，俱细款密字，称谓甚恭。两君于后生皆以丈人自居，子敬年少卑秩，何以致敬若此？盖重其为外吏，不无觊望；又酒食征欢，其交易密耳。宜亭，江湖老客，固不足责；星翁年位俱高，似失中朝老辈之体！[35]

李慈铭本人虽以此责人，但他受外官的馈赠并不少，不过略有所择而已。[36] 京官之与外官，在清季官场积习、清代财政紊乱无章的情形下，互相勾结，牢不可分，"非借外官馈赠，不足以自存"。而外官也必借馈赠来广结声援，作自保之计。[37]

由以上所述，京官沉迷于糜烂的生活，为了追求享受，却牵累到在正常生活上不能维持用度。京官之穷主要是由其生活方式使然。而这种奢侈浮华的生活方式，又是获得额外进益的途径。京官仰赖于外官，外官则直接取之于人民。由人民身上朘削所得，既充实了自己的宦囊，又维护了京官的生机。所以京官的生活是间接地建筑在剥削人民的基础上的。

民间的现实社会生活，和北京官吏的奢靡生活相比，诚如李慈铭所说，有天上人间之别。这种官吏生活方式，使京官时虞不足，觊望更多的收入，以维持超越现实社会的生活。这种生活成了牢不可破的官场风气。在这种风气中，少数官吏如李用清之流，禁饮宴、抑靡费、出门徒步奔走、不乘车、不收陋规，竟被目之为"叛徒"的行为。连李慈铭一个自以清流标榜的人也讥笑李用清为"生长僻县，世为农氓。本不知有人世甘美享用也"[38]。京官所享受的人世甘美是靠外吏从农民身上剥削、勒征来支持的。

注　释

1　郭嵩焘：《养知书屋文集》（光绪壬辰年刻，台北艺文书局影印本），卷十《致笙陔叔》。

　　2 《清会典》卷二十一，京官的俸银、俸米如下表：

官品	俸银（两）	俸米（斛）
正从一品	180	180
二	155	155
三	130	130
四	105	105
五	80	80
六	60	60
七	45	45
八	40	40
正九品	33+	33+

　　雍正二年起耗羡归公之后，外省官吏加给养廉，京官待遇仍旧。从乾隆元年（1736）起，在京文武官员俸银，于原额之外，再加一倍发放。旧额称为正俸，加发之倍数称为恩俸。这就是京官支领双俸的由来。俸米方面，高级京官如六部尚书、侍郎等的俸米，也随双俸而加倍发放，其余中下级的京官仍照乾隆元年规定发放，如下表：

官品	俸银（两）	俸米（斛）
正从一品	180×2	180×2
二品	155×2	155×2
三品	130×2	130
四品	105×2	105
五品	80×2	80

官品	俸银（两）	俸米（斛）
六品	60×2	60
七品	45×2	45
八品	40×2	40
正九品	33.114×2	33.114

3 京官中只支正俸，不支恩俸者："部院额外官，由考选录用，奉旨试用行走者。新进士，奉旨以六部主事学习行走者。裁缺另补，及病痊候补，奉旨在京员上行走者。拔贡以七品小京官学习行走者。……均按品支给正俸，不支恩俸。顺天府尹所属及五城司坊官，不支恩俸。"《清会典》卷二十一。又《爵秩全书》（台北文海出版社影印本）第5—11页，"吏部则例官阶品级"。《钦定大清会典事例》，卷二四九《户部俸饷、文武京官俸禄》。

4 《光绪东华录》，光绪十一年十一月辛酉："前于咸丰年间，因办理军务，需饷甚钜。将王公官员及兵丁等饷减成放给，撙节度支以济要需，原属一时权宜之计。现在军务敉平……加恩着将王公及在京官员俸银，京师旗、绿各营兵丁并太监钱粮，自光绪十二年正月起，一律仍照旧制全数放给。"

5 《日记》光绪四年正月廿九日："吾浙印结局以部曹之进士出身者轮管。朋占渔利，出入不谨。近来此辈皆亡赖村氓，不通一字，而无耻益甚。自丙子冬季，忽议进士月增四分之三；而京官之告假出京者，又私侵蚀之，至三四十分。去冬又议定：凡入银者每百两，外加十二两为赢余，而分给同人，则不足京平之数。……自吾乡孙庆咸、谢钺、戴尧臣等相继管局，争竞锥末，物议沸腾。至宁波人凌行均，湖州人章乃畬沿其下流，遂同盗贼矣。"《日记》光绪四年二月十日："诣全浙馆议印结分局事。至者四五十人。鲜有似人状者。与此举为伍，可发大噱也。"《日记》光绪四年二月十二日："作书致傅子莼。以闻昨日章乃畬辈公议印结事。故余书悉发其诈私及顽赖无耻之迹，属子莼以示此辈同阅之。少有知觉者，当厚颜入地矣。"

6 《日记》光绪七年二月廿九日："直隶、江苏、湖北、浙江、贵州久停分发。近日广东、广西、云南、湖南、江西、福建亦皆停结。此事将绝，吾辈首阳之期至矣！"《日记》光绪十二年一月廿九日："近日户部百计求利，谓捐例既开而无来者，由印结之费太重。因议裁此费。凡户部上兑者概不须结。于是京官之恃此为命者，皆当立槁墙壁矣！"

7 《日记补》庚集末咸丰十年十二月四日。

8 《日记》同治十年三月五日："诣门楼胡同本家，晤族兄雅斋刑部。言其母夫人已卧病积年。其兄迪斋通判夫妇偕死。其子小圃报捐郎中，签分户部贵州司行走，今在河北求食。家积丧、病，贫悴不堪。观其门庭萧索，屋宇欹漏，使令不供，人有菜色，京官之穷，毛骨洒竦。为之抚然而出。"

9　《日记》光绪七年九月十日："余近日窘绝，殆不能举火。"

10　《日记》光绪三年十月廿七日："夜检点质票。没入者已敷纸。内有袍褂缎裁一袭，是昔年盛伯希乞作其母夫人集序所赠者，仅质京钱百二十千。"

11　《日记》同治二年二月廿二日："与钱铺靳姓关说：今年所欠五十金不能还，期以来春。靳姓竟慨然许诺。君子人也。可感哉！"

12　全汉昇：《乾隆十三年的米贵问题》，《庆祝李济先生七十岁论文集》，台湾清华学报社，1965年。彭信威：《中国货币史》第849—868页。物价上涨的原因如下：一、人口增加，供求关系发生改变；二、货币的因素。由于大量白银流入中国，故银价下跌。《张文襄公全集·奏议》卷五，《请动支厘金抵补铁价片》：（光绪八年六月十二日）"考之本朝掌故及前人文集、笔记，大率其时（国初至雍、乾之世），每银一钱，抵今日三钱之用。自俸饷大端与夫一切工程物料价值，当日皆综核而出之。故同一银数，昔则常有余，今则日形不足。凡涉例价，无不皆然。百年来物价人工日贵。"

13　见本作附录《有关银钱比价的资料》，以及彭信威《中国货币史》第八章。

佐佐木正哉:《咸丰二年鄞县的抗粮暴动》,《近代中国研究》第五辑，日本东京大学近代中国研究委员会编，1963年，第199—203页。讨论银价之腾贵与农民之地丁银负担，附有二表，系记鄞县情形，可供旁证。兹录如下:

年代	米（一斗）	银价	银一两可购之米量
道光十二年	320—330文，道光三年后二十年间之常价	1,000—1,200文	3.0—3.7斗
十三年		1,300文	3.8—4.1斗
二十年		1,500文	4.5—5.0斗
咸丰元年至五年	220—230文	2,000文	8.7—9.1斗

宁波洋钱、纹银价格表，兹摘录一部分如下:

年代	洋钱一圆合钱数	银一两合钱数
道光二十二年	1,340—1,341文	1,786—1,788文
同治元年	1,040—1,140文	1,387—1,520文
二年	1,060—1,170文	1,414—1,560文
三年	900—1,100文	1,200—1,467文
四年	940—985文	1,253—1,313文
五年	960—1,000文	1,280—1,333文

　清季一个京官的生活

14 《日记》光绪十年三月一日:"南宋俸禄优厚如此,以视今日五品朝官,岁俸米十五石六斗,尚须关说仓官,至优者一石可得一百二十斤,外加俸银六十四两而已。"(按六十四两,原为八十两照八折发放。光绪十二年起即按双俸全额,为一百六十两)。

15 《日记》光绪八年五月廿五日。

16 清代兵饷,旗兵特别优厚,自当别论,绿营制兵饷项,见《清会典》卷二十一,《户部·陕西清吏司》。

17 王安定《湘军记》卷二十《水陆营制篇》,光绪己丑秋江南书局刊行,台湾文苑出版社影印本,第81—88页。

18 见本作第二章《李慈铭为京官时期每年支出表》所记工资数字。

19 见本作附录《有关银钱比价的资料》。

20 见本作附录《有关物价的资料》。

21 同上。

22 《日记》光绪三年十月九日。详见本作《有关物价的资料》。

23 关于京官俸入厚薄的意见,除《李慈铭日记》所载外,冯桂芬《校邠庐抗议》自序亦谓"观于今日,俸薄官贪"。见冯桂芬《显志堂集》卷一。

24 赵烈文《能静居日记》卷一,咸丰八年五月十五日，赵烈文认为清代官俸高于宋时，其所以常感不足者，由于"风俗之日趋于浮靡，人用日以汰，物价日以滋，致于不能赡足。"

《张文襄公全书》卷七，《奏议七》，《请加翰詹科道津贴片》。光绪九年十一月十七日："计京官用度，即十分刻苦，日须一金。岁有三百余金，始能勉强自给。"

25　请参看本作第二章《李慈铭为京官时期每年支出表》中所列"送礼、犒赏、车费各项"。

26　《日记》光绪十五年一月一日己丑元月《太和殿朝贺恭纪诗》二首"为郎白首未全贫，乍具衣冠备称身"。自注云："京官多有不能具衣冠者。余为郎三十年，去岁始得一称。"

27　《日记》光绪十四年一月廿九日："晚诣下斜街赴王可庄之饮，寰宇华邃。新制纱镫，长各数尺，白质以淡墨涂之，别剪篆字或花鸟贴其上，内映以碧纸，中为三层，燃西洋五色小烛三枝。顿觉雅丽可爱，肴馔亦精。"

28　《日记》光绪十四年二月二日："至锡兰胡同访王廉生久坐……室宇华奂。客次后有山石，具窈窕之致。磴洞甚设，上有乔木，碧廊四向。数年前为尚书广敏达公（广寿）宅。廉生以万金得之。"

29　《日记》光绪三年十一月八日："得三妹前月

二十八日书，惊闻仲弟之讣。……其殆以饥寒死耶！余读书四十年，窃官铜臭，而令弟以馁死，其尚得为人类耶？余虽穷，而计今年酒食声色之费，亦不下百金。通计出门七年以来，寄弟者不过十金耳！"

30 《日记》同治五年五月八日。

31 《日记》光绪三年十月廿一日："（王）羧夫来言明日早行。……酒间，羧夫以归非得已。里居之贫，甚于客中。又言其大母疾能早愈，明春当即来。"

32 《日记》中每年三节付各项账款。

33 《孽海花》第五回写张佩纶欠米店数月米账，由洪钧代为填付的事可资参证。

34 《日记》光绪五年六月九日，同治十一年四月廿五日。

35 《日记》光绪十二年六月十九日。

36 请参看本作第三章表七《李慈铭历年官职收入与馈赠收入的比较》。

37 邓承修《语冰阁奏议》卷六，《劾言官挟私逞忿疏》。光绪十年正月十八日，"给事中郑溥元收受江西巡抚潘霨、山东巡抚陈士杰、幕司林述训馈赠，虽属交通之常。身居台职，不应滥交如此。郑溥元又在稠人广众之中，向外官道贫云：'非借外官馈赠，不足以自给。'近日御史黄兆枟、英俊诸人皆营私受贿"。

《皇朝经世文续编》卷十六《史政一》之冯桂芬《厚养廉议》："大小京官莫不仰给于外官之别敬、炭敬、冰敬。其廉者有所择而受之，不廉者百方罗致，结拜师生兄弟以要之。"

　　38　《日记》光绪十一年六月十三。《清史稿·李用清传》,《列传》卷二三八。

表一 李慈铭的官职收入 *

年份	官职收入					
	官俸（两）	养廉（两）	俸米（石）	饭食银（两）	印结银（两）	共计（两）
1863（同治二年）		8.8			143.06	151.86
1864		8.8			257.2	266
1865		4.4			119.1	123.5
1866—1870[1]						
1871		11.08		6.2	118.88	136.16
1872		32.32			155.93	188.25
1873		40			159.57	199.57
1874		41.8			134.1	175.9
1875（光绪元年）		42.06			126.5	168.56
1876		41.7			172	213.7
1877		18.6			162.19	180.79
1878		25.1			133.1	158.2
1879		24.5			386.86	411.36
1880	16[2]	28	7.8		306.9	350.9
1881	32	37.3	7.8		163.4	232.7
1882	32	40.5	7.8		119.3	191.8
1883	32	18.8	7.8		284.15	334.95
1884	16[3]	12			50.7	78.7
1885					182.2	182.2
1886					119.8	119.8
1887[4]	125	10	15.6		337.6	472.6
1888	160	90	15.6		72	322
1889						

* 本表所有数字，皆根据《越缦堂日记》，详见本书第二章《李慈铭为京官时期每年收入表》。

1 同治五年至九年回乡。2 支五品半俸，八折发放。3 秋季户部起假。4 销假，俸米应为十五石六斗，记录不全，特补。

表二 李慈铭每年官职收入与支出的比较

| 年份 | 官职收入 | | | | | 支出（两） | 收支差额（两） |
	俸银（两）	俸米（石）	养廉（两）	印结银（两）	共计（两）		
1863（同治二年）			8.8	143.06	151.86	598.4	−446.54
1864			8.8	257.2	266	868.57	−602.57
1865[1]			4.4	119.1	123.5	839.55	−716.05
1871			11.08	118.88	136.16[2]	410.43	−274.27
1872			32.32	155.93	188.25	98.5	89.75
1873			40	159.57	199.57	243.9	−44.33
1874			41.8	134.1	175.9	425.26	−249.36
1875（光绪元年）			42.06	126.5	168.56	155.6	12.96
1876			41.7	172	213.7	214.8	−1.1
1877			18.6	162.19	180.79	343.32	−162.53
1878			25.1	133.1	158.2	456.1	−297.9
1879			24.5	386.86	411.36	381.8	29.56
1880	16[3]	7.8[4]	28	306.9	350.9	756.06	−405.16
1881	32	7.8	37.3	163.4	232.7	406.96	−174.26
1882	32	7.8	40.5	119.3	191.8	397.35	−202.55
1883	32	7.8	18.8	284.15	334.95	936.13	−598.2
1884[5]	16		12	50.7	78.7	801.83	−723.13
1885				182.2	182.2	1,364.94	−1,182.74
1886[6]				119.8	119.8	1,077.03	−957.23
1887	125	15.6	10	337.6	472.6	1,943	−1,470.4
1888	160	15.6	90	72	322	1,156.21	−834.21
1889[7]							

1 同治五年至九年在乡。 2 另加饭食银6.2两。 3 五品半俸，八折发放。
4 米7石8斗折银3两。 5 是年秋季在户部起假。 6 本年起京官俸照全额发放。
7 记录不全。

表三 李慈铭每年饮宴娱乐应酬的费用

年份	每年支出				饮宴、娱乐、应酬			
	银（两）	番圆	钱（文）	总数（折合银两）	银（两）	番圆	钱（文）	总数（折合银两）
1863（同治二年）	463		1,512,220	598.4			314,800	28.1
1864	355.35		4,747,347	868.57	32		2,065,047	255.24
1865	779.8	83.4	716,966	839.55			460,000	38.33
1866[1]		207	718,824	650.6		14	1,760	10.96
1867		63	9,590	68.74				
1868		209	84,000	259.2		14		9.968
1869		192	235,580	335.4		4	11,350	9.548
1870[2]	12	845	141,130	697.14		136	4,700	119.264
1871	56.5	185	2,316,900	410.43			358,200	34.31
1872	48.5		522,000	98.5			174,000	1.6
1873	34		2,192,200	243.9			252,000	24.13
1874	162.76		3,281,340	425.26	4			
1875（光绪元年）	83.6		1,395,010	155.6			147,600	7.6
1876	187.5		3,524,710	214.8	14		437,900	39.7

年份	每年支出				饮宴、娱乐、应酬			
	银（两）	番圆	钱（文）	总数（折合银两）	银（两）	番圆	钱（文）	总数（折合银两）
1877	303.1	10	5,613,280	343.32	44.35		2,103,900	168.05
1878	212.1		3,932,500	456.1	6		786,200	52.38
1879	152.5		4,051,880	381.8	38		1,118,900	106.85
1880	290.3		7,568,700	756.06	52		1,878,700	167.61
1881	136.5		4,395,100	406.96	20		1,265,500	97.87
1882	278.41		1,932,800	397.35	24		3,011,500	209.32
1883	572.83		5,903,800	936.13	45		2,870,000	221.6
1884	801.83		80,000[3]	801.834	80.34		558,000	114.64
1885	1,070.7		4,560,500	1,364.94	544.4		2,129,700	681.8
1886	1,011.63		4,656,700	1,077.03	178.8		2,136,000	346.4
1887	1,686.7		2,563,000	1,943	212.3		740,500	286.3
1888	1,167.74		1,017,500	1,156.21	159.15		208,200	177.25
1889[4]	347.33		347,000		4		10,000	

1 是年母丧，此后五年在浙。 2 是年中乡试，次年回京。 3 津制钱 500 文＝一串。 4 本年记录至七月止。

清季一个京官的生活

表四 李慈铭每年犒赏的费用

年份	犒赏费		每年平均犒赏（两）	备注
	银（两）	钱（文）		
1863（同治二年）	9.2	256,800		
1864	9.55	73,000	24.08	
1865	25	14,000		
1871（同治十年）	5	109,000		
1872		46,000		一、详细犒赏数字，参看第二章《李慈铭为京官时期每年支出表》，各数字均由各年日记中摘录。
1873	4	880,000		
1874		68,000		
1875（光绪元年）		209,000		
1876	10	298,000		二、银钱折合均按各该年之银钱比价，参看本书附录《有关银钱比价的资料》。
1877		437,100		
1878		299,700	30.825	三、有关歌郎及其仆人之犒赏，列于娱乐项目中，不在一般犒赏之内。
1879		280,000		
1880		481,000		
1881		448,000		
1882	6	770,000		四、同治五年至九年李慈铭返乡，户部起假，故不列入。
1883		640,000		
1884		243,000		
1885	64.2	300,000		
1886	36	563,000		
1887	41.4	569,000	35.25	
1888	15	206,000		

表五　李慈铭每年家用的数字

年份	米	煤	摘要				
			甜水	苦水	灯油	香油	房租
1862（同治元年）							
1863		2,000 文					
1864							
1865[1]							
1871	161,000 文	183,600 文	4,000 文	3,000 文			599,400 文[2]
1872	35,000 文	7,200 文					254,000 文
1873	128,000 文	144,000 文					20 两[3]
1874	829,000 文	595,040 文	6,000 文	3,500 文			48 两
1875（光绪元年）	12 两又 215,000 文	10 两又 137,000 文		70,000 文			
1876	10 两又 350,000 文	366,120 文		4,000 文			48 两
1877	16 两又 433,000 文	196,000 文					
1878	984,000 文	418,000 文	28,000 文	4,300 文	26,000 文		48 两
1879	860,000 文	472,280 文			125,000 文		72 两[4]
1880	693,000 文	704,000 文			98,000 文 1.4 两[5]		72 两

清季一个京官的生活

年份	米	煤	摘要				房租
			甜水	苦水	灯油	香油	
1881	375,800 文	369,400 文	18,000 文	34,000 文	146,000 文	62,000 文	72 两
1882	16 两又 130,000 文	138,000 文 25.2 两	38,000 文		137,000 文	44,000 文	72 两
1883	22 两	25 两	30,000 文		70,000 文	53,000 文	72 两
1884	28.52 两又 64,300 文	91,000 文 25.3 两	2.2 两		8.32 两	4.2 两	72 两
1885	46 两	25.4 两			5 两	7.4 两	
1886	34.4 两	47.9 两			12.95 两	5 两	72 两
1887	70 两	37 两	3.5 两			22.3 两	72 两
1888	31 两	27 两				8.56 两	72 两
1889[6]	25 两	220,000 文				6 两	72 两

1 同治五年至九年在浙。 2 每年 36,700 文。 3 每月 4 两。 4 每月 6 两。 5 "西洋灯油"。 6 七月止。

表六　李慈铭历年典质与借贷的数字

年份	典质			借贷		
	两	圆	钱	两	圆	钱
1863（同治二年）				190		80,000
1864		40		78	20	
1865		12		174		
1866						
1867			61,500			50,000
1868			5,000			
1869					100	
1870						
1871[1]			120,000	132		
1872			230,000			
1873			470,000	10		32,000
1874	5		200,000			
1875（光绪元年）			180,000	90		
1876			90,000	38		
1877			20,000	70		
1878			507,000	110		
1879			36,000			
1880				100		
1881				50		
1882						
1883				50		
1884[2]						
1885						
1886[3]						
1887[4]						
1888						

1　同治五年返乡，十年返京，重入户部。2　光绪十年受李鸿章聘，主讲天津北学海堂。3　十年秋季至十二年户部起假。4　十三年销假。实授五品郎中，领五品俸。

二 李慈铭为京官时期每年收入表（同治二年至光绪十五年）

同治二年

收入项目	银（两）	钱（文）	合计	备注
印结银				
五月	12.546			五月入户部
六月	22.5			六月在户部
七月	17.1			未补缺以前，
八月	18.45			无俸银，只有
九月	18.45			养廉银
十月	28.8			
十一月	25.2		143.046 两	
养廉银				
秋季	4.4			
冬季	4.4		8.8 两	
塾师束脩				
三月	18			
十二月	12			
	50			
年敬	4		84 两	
馈赠				
母寿收到贺仪	20			
潘伯寅（二月）	20			
周允臣	30			
潘伯寅（四月）	10			
童子俊	4			
潘伯寅（七月）	4			

同治二年（续）

收入项目	银（两）	钱（文）	合计	备注
又（八月）	2			
夏筱笠自邢台	30			
秦镜珊	8			
恩竹樵　炭敬	10			
王扬庭	20		158两	
借入				
德和钱铺	100			
孙予恬	10			
沈晓湖	20			
王福		6,000		
傅子菀		20,000		
谢星斋		10,000		
潘伯寅		14,000		
陈德甫		10,000		
鲁芝友		20,000		
骆越樵	10		190两	
寿玉溪	50		80,000文	
		总计	583.846两 80,000文	

同治三年

收入项目	银（两）	钱（文）	合计	备注
印结银				
十二月	21			
二月	11.4			
三月	29.4			

　　　清季一个京官的生活

同治三年（续）

收入项目	银（两）	钱（文）	合计	备注
四月	26.5			
五月	30			
六月	18.3			每两换钱 9,250 文
七月	21.3			
八月	8.1			
九月	23.6			
十月	25.8			
十一月	41.8		257.2 两	
养廉银				
春季	4.4			
秋季	4.4		8.8 两	
馈赠				
母寿收到贺仪	35	8,000		
		4,000		
		6,000		
		6,000		
		8,000		
		6,000		
		4,000		
		4,000		
		4,000	35 两	
		20,000	70,000 文	
润笔				
谢杰生送到	50		50 两	墓志铭费

同治三年（续）

收入项目	银（两）	钱（文）	合计	备注
借入				
德和钱铺	6			
王子轩	12			
德和钱铺	50			
殷宏畴	10		78 两	
塾师束脩				
三月	6			束脩记录不全，每月六两
四月 五月	12			
六月 七月	12			
又	2		32 两	
		总计	461 两 70,000 文	

同治四年

收入项目	银（两）	番圆	钱（文）	合计	备注
印结银					
正月预支	10				
十二月正月	45				
二月预支	10				
扣预支得	9.5				
三月	22.6				
四月	22			119.1 两	五月回浙
养廉银					
端午节	4.4			4.4 两	

同治四年（续）

收入项目	银（两）	番圆	钱（文）	合计	备注
塾师束脩 三月四月	12			12 两	六、七两月无记录
蕺山书院束脩 聘金 束脩（十二月）		8	100,000	8 番圆 100,000 文	
馈赠 潘伯寅　程仪 杨理庵 殷宏畴 周祖培　程仪 孟庆纶　赞仪 又岁仪	16 50 30 4	2 12		100 两 14 番圆	
借入 钟慎斋 山阴张县令 濮某都中汇款	24 150	20		174 两 20 番圆	
典质		40		40 番圆	
			总计	409.5 两 82 番圆 100,000 文	

同治五年

收入项目	银（两）	钱（文）	合计	备注
籴米一石		3,700		在会稽，米一斗价钱 480 文，
卖田五亩		150,000	153,700 文	一石价钱 3,580 文

同治五年（续）

收入项目	银（两）	钱（文）	合计	备注
赙仪				
马新贻	30			母丧
高贡龄	40			
谢永佑	4			
王庆勋	6			
徐召	2			
沈祖荫	4			
秦增熙	4			
施德秀	6			
王观光	2			
傅钟沅	2			
傅以礼	2			
孙锦	2			
孙氏从姊	2			
孙琴士	4			
其弟	2		112 两	
典质	12	240	12 两 240 文	
借入				
张梦周	40		40 两	
馈赠				
妹夫	2			
高贡龄	56			
会稽令詹仪桂	60		118 两	
		总计	282 两 153,940 文	

清季一个京官的生活

同治六年

收入项目	银（两）	番圆	钱（文）	合计	备注
浙江书局薪水					四月起为浙江书局总校勘
五月	30				
六月	30				
七月	30				
八月	30			120 两	
馈赠					十一月赴武昌为张之洞襄理文案
张之洞　程仪	40				
郑妹夫　程仪		4			
王妹夫		4			
杨豫庭　程仪		20		140 两	
张之洞	100			28 番圆	十二月底返浙
典质			27,000		
			30,000		
			4,500	61,500 文	
借入			50,000	200 番圆	
季妹聘礼		200		50,000 文	
			总计	260 两 228 番圆 111,500 文	

同治七年

收入项目	银（两）	番圆	钱（文）	合计	备注
浙江书局薪水					辞蕺山书院讲席
五月		10			
六月		20			

同治七年（续）

收入项目	银（两）	番圆	钱（文）	合计	备注
八月		20			
九月		20			七月无记录
十一月		10			十月无记录
十二月		15			
又		19		114 番圆	
馈赠					
张之洞	24				
书局公送耆仪		6			
王妹夫赠生日礼		10			
沈蔺夫		1			
季弟		4			
大妹		1		24 两	
陈伯海		20		42 番圆	
收租			4,500	4,500 文	
典质			5,000	5,000 文	
			总计	24 两 156 番圆 9,500 文	

同治八年

收入项目	银（两）	番圆	钱（文）	合计	备注
浙江书局薪水 二月		20			正月无账目 记录

同治八年（续）

收入项目	银（两）	番圆	钱（文）	合计	备注
三月		20			
四月		20			
五月		20			
六月		20			
七月		20			
八月		20			
九月		30			
十一月		30			十月无账目记录
十二月		17		217 番圆	
馈赠					
钟慎斋		10			
陈莲峰自陈州	4				
平景荪	20				
郑妹夫		5		24 两	
仲弟		6		21 番圆	
润笔					
高翁墓志铭	30			30 两	
收租					30 石
			总计	54 两 238 番圆	

同治九年

收入项目	银（两）	番圆	钱（文）	合计	备注
浙江书局薪水					
正月		20			
二月		20			
三月		23			
四月		22			
五月		10			
六月		20			
七月		20			
八月		10			八月中乡试
九月		30			
十月		20		195 番圆	
馈赠					
宁波厚生钱铺					
时生毡铺　赆仪		20			
平景荪	24				
张梅岩		1			
沈渔庄		1			
汪谢城		1			
弟妹等		9			
沈蔺夫		1			
王渠原		3			
杨笙吾（邑令）		10			
王子清		12			
陈耕华		1			

同治九年（续）

收入项目	银（两）	番圆	钱（文）	合计	备注
汪树城		2			
马幼阳编修		1			
丁纫香		12			
莫意楼		2			
郑阶平		1			
张纯甫		1			
郑妹夫　程仪		6			
何清涟　程仪		1			
张存斋	5				
孙子静		4			
孙沛亭		1			
田杏村		2			
谢青芸		4			
严菊泉自平湖		1		29 两	
海云垫太守		8		105 番圆	
借入					
李葆亭		100		100 番圆	
收租					
地租、渔租		14		14 番圆	
自钱铺取回		100			
		51			
		80		231 番圆	
			总计	29 两645 番圆	

同治十年

收入项目	银（两）	番圆	钱（文）	合计	备注
浙江书局薪水 去年十一月至 本年正月	62			62两	正月离浙返京
印结银					二月二十三日抵京
三月	18.2				三月回户部
四月	12.6				
五月	10.5				
六月	14				
七月	15				
八月	14.28				
九月	12				
十月	13				
十一月	9.3			118.88两	
养廉					
八月	4.6				
十二月	6.48			11.08两	
饭食银	6.2			6.2两	
馈赠					
弟妹等送程仪		33			
孙彦清		3			
金锡禧		6			
谢星斋		1			
陈讦堂		4			
秦淡如		4			

同治十年（续）

收入项目	银（两）	番圆	钱（文）	合计	备注
杨豫庭		8			
李子长		1			
黄质文		1			
沈子菉		2			
诸桂山		4			
刘緘三	9				
徐荫轩	2				
胡梅卿	50				
姚致堂　惠	8				
陈学洪	6				
潘伯寅　岁金	30			113 两	
张香涛	8			67 番圆	
润笔					
戈晓帆	40				
周宅	80			120 两	《周文勤公碑铭行述》
典质			10,000		
			50,000		
			60,000	120,000 文	
借入					
胡梅卿	20				
潘伯寅	30				
胡梅卿	10				
张香涛	12				
吴淞堂	20				
殷萼庭	40			132 两	
			总计	563.16 两 67 番圆 120,000 文	

同治十一年

收入项目	银（两）	番圆	钱（文）	合 计	备 注
印结银					
正月	9.65				
二月	9.8				
三月	8				
四月	9				
五月	8.88				
六月	23.6				
七月	16.1				
八月	19.5				
九月	12.7				
十月	17				
十一月	18.6			152.83 两	
养廉银					
五月	6.4				
八月	12.96				
十二月	12.96			32.32 两	
馈赠					
潘伯寅（正月）	16				
秦淡如　炭敬	12				
平景荪	16				
王子常自海宁		10			
董砚樵	10				
潘伯寅（五月）	16				
张之洞	16				
李若农自宁都	16				

同治十一年（续）

收入项目	银（两）	番圆	钱（文）	合计	备注
李子和　别敬	12				
陈莲峰	12				
陈许堂	20				
潘伯寅（八月）	20				
傅节子	4				
潘伯寅（十月）	30				
又（十二月）	20				
濮紫泉　岁银	10			240 两	
潘伯寅	10			10 番圆	
润笔					
姚仲甫寿文	50				
潘伯寅	30			80 两	
典质			60,000		
			50,000		
			60,000		
			60,000	230,000 文	
			总计	505.15 两	
				10 番圆	
				230,000 文	

同治十二年

收入项目	银（两）	钱（文）	合计	备注
印结银				
十二月、正月	14.1			
三月	14			二月无记录

同治十二年（续）

收入项目	银（两）	钱(文)	合计	备注
四月	10.8			
五月	18.87			
六月	13.9			
闰六月、七月	26			
八月	16.7			
九月	14.5			
十月	15.5			
十一月	15.2		159.57 两	
养廉				
五月	12			
八月	12			
十二月	16		40 两	
馈赠				
王扬庭　炭敬	50			
朱潮自成都	16			
潘伯寅（五月）	10			
又	10			
又（六月）	20			
孙琴士自西安	16			
周伯渡　别敬	12			
潘伯寅（七月）	21			
陶心云	10			
潘伯寅（九月）	12			
又（十二月）	20			

同治十二年（续）

收入项目	银（两）	钱（文）	合计	备注
又	12			
邓献之	20			
董砚樵	16		245 两	
典质		70,000		
		120,000		
		70,000		
		70,000		
		70,000		
		75,000	475,000 文	
借入	10	32,000	10 两 32,000 文	
		总计	454.57 两 507,000 文	

同治十三年

收入项目	银（两）	钱（文）	合计	备注
印结银				
正月	22.9			
二月	16.4			三月无记录
四月	10.1			
五月	20			
六月	8.6			七月无记录
八月	10			

同治十三年（续）

收入项目	银（两）	钱（文）	合计	备注
九月	16.2			
十月	14.4			
十一月	15.5		134.1两	换得票钱 250,000文
养廉				
春季	12.9			
秋季	12.9			
冬季	16		41.8两	
馈赠				
杨理庵	8			
朱肯夫自杭州	8			
傅节子自台湾	8			
董砚樵自秦州	20			
潘伯寅（五月）	12			
又（八月）	40			
张香涛	20			
吴清卿　岁银	12			
潘伯寅（十二月）	30		158两	
润笔				
袁氏寿序	30		30两	
典质	5	80,000		
		50,000	5两	
		70,000	200,000文	
		总计	368.9两 200,000文	

光绪元年

收入项目	银（两）	钱（文）	合计	备注
印结银				
十二月	10.3			
二月	11.4			正月无记录
三月	16.7			
四月	8			
五月	11.4			
六月	16.3			
七月	10.5			
八月	8.9			
十月	10			九月无记录
十一月	23		126.5 两	
养廉				
端午养廉银	12.96			
秋季	12.9			
冬季	16.2		42.06 两	
馈赠				
谢麐伯　岁银	12			
潘伯寅（四月）	20			
又（四月）	20			
又（八月）	20			
又（十月）	20			
邓献之自山西	10			
张香涛	20			
潘伯寅（十二月）	20			
朱肯夫	12			

光绪元年（续）

收入项目	银（两）	钱（文）	合计	备注
胡梅卿	20		174 两	
典质		180,000	180,000 文	
借入	90		90 两	
		总计	432.56 两 180,000 文	

光绪二年

收入项目	银（两）	番圆	钱（文）	合计	备注
印结银					
十二月、正月	13.9				
二月	14.4				
三月	19.6				
四月	10				
五月	15.1				
闰五月、六月	11.8				
七月	12				
八月	16				
九月	29.5				
十月	17.6				
十一月	12.1			172 两	
养廉					
春季	13				

光绪二年（续）

收入项目	银（两）	番圆	钱（文）	合计	备注
秋季	12.5				
冬季	16.2			41.7 两	
馈赠					
孙琴士	16				
陈讦堂	40				
朱亮生	10				
王氏妹		10			
孙衣言　别敬	8				
潘伯寅（八月）	16				
又	56				
胡梅卿岁银	20				
潘伯寅（十二月）	40				
又（十二月）	30			246 两	
朱肯夫	10			10 番圆	
典质	12.5		50,000		
			80,000	12.5 两	
			90,000	220,000 文	
借入	38			38 两	
			总计	510.2 两 10 番圆 220,000 文	

光绪三年

收入项目	银（两）	番圆	钱（文）	合计	备注
印结银					李慈铭景况甚恶："作书致牧庄，又致书知识数人，属其代谋数十金，度岁后出息以偿，而不见答。余能忍寂寞，忍寒冻以读书，而不能忍饥饿！"（光绪三年十二月廿六日《日记》）"此日穷乏，告贷路绝。"（光绪三年三月十九日《日记》）
十二月、正月	11				
二月	14.4				
三月	22.3				
四月	18				
五月	23.3				
六月	15				
七月	11.39				
八月	14				
九月	16.8				
十月	8				
十一月	8			162.19 两	
养廉					
夏季	9.3				
秋季	9.3			18.6 两	
馈赠					
潘伯寅（二月）	20				
樊云门	4				
张香涛	20				
陶方之自秦州	24				
季弟		10			
王松溪自江右	10				
许竹筼	4				
潘伯寅（四月）	16				
又（五月）	20				

清季一个京官的生活

光绪三年（续）

收入项目	银（两）	番圆	钱（文）	合计	备注
孙子宜	4				
陶心云	4				
樊云门	38				
孙子宜	4				
胡梅卿	20				
潘伯寅（八月）	16				
章硕卿	20				
潘伯寅（十一月）	16				
又（十二月）	12				
赵桐孙	10				
胡梅卿　岁银	20				
潘伯寅（十二月）	16				
又（十二月）	18			316 两 10 番圆	
润笔	100 50	60		150 两 60 番圆	
典质			20,000	20,000 文	
借入					
孙子宜借	40				
殷萼庭代借	30			70 两	息银三分
			总计	716.79 两 70 番圆 20,000 文	

光绪四年

收入项目	银（两）	番圆	钱（文）	合计	备注
印结银					
十二月、正月	12.8				
二月	4				
三月	14.5				
五月	28.8				四月无记录
六月	14				
七月	15.6				
八月	9.4				
九月	14				
十一月	20			133.1 两	十月无记录
养廉					
秋季	9.1				
冬季	16			25.1 两	
馈赠					
潘伯寅（四月）	20				
殷莘庭	10				
褆庵	8				
潘伯寅（五月）	8				
又（八月）	24				
又（八月）	10				
陶仲彝	20				
潘伯寅（十月）	10				
又（十一月）	10				
陶子珍	8				
潘伯寅（十二月）	24				

清季一个京官的生活

光绪四年（续）

收入项目	银（两）	番圆	钱（文）	合计	备注
又（十二月）	20			172 两	
弟妹寄寿礼		20		20 番圆	
润笔		60		60 番圆	
典质	3		25,000		
			50,000		
			70,000		
			50,000		
			12,000	3 两	
			300,000	507,000 文	
借入					
沈松亭	50				
杜藻初	50				
张之洞	10			110 两	
			总计	443.2 两 80 番圆 507,000 文	

光绪五年

收入项目	银（两）	钱（文）	合计	备注
印结银				
十二月	12.2			正月无记录
二月	16.7			
三月	31.5			"此日穷困不堪。"（光绪五年三月十一日《日记》）
闰三月、四月	72			

光绪五年（续）

收入项目	银（两）	钱（文）	合计	备注
五月	67.4			
六月	43			
七月	34.1			
八月	21.16			
九月	40			
十月	30.8			
十一月	18		386.86 两	
养廉银、俸银				
夏季	12.5			
秋季	12		24.5 两	
馈赠				
孙琴士　炭敬	12			
潘伯寅（二月）	10			
姚彦侍	8			
潘伯寅（闰三月）	12			
张子中自扬州	5			
潘伯寅（四月）	12			
又	20			
又（八月）	30			
朱肯夫自长沙	20			
陶子珍　别敬	50			
任道熔　别敬	8			
谭钟麟	16			
樊云门	10			
王鼎丞	30			

光绪五年（续）

收入项目	银（两）	钱（文）	合计	备注
倪豹臣　别敬	20			
邓献之	10			
许竹筼	40			
潘伯寅（十二月）	24			
赵桐孙自天津	10		347 两	
润笔				
殷蓴庭从兄墓志	40		40 两	
典质				
		36,000	36,000 文	
		总计	798.36 两 36,000 文	

光绪六年

收入项目	银（两）	番圆	钱（文）	合计	备注
印结银					
正月	15.4				
二月	22.4				
三月	55.6				三月参与会试
五月	44				四月揭晓，中第一百名
六月	33.5				
七月	23.5				是年始领五品半俸
八月	45				

光绪六年（续）

收入项目	银（两）	番圆	钱（文）	合计	备注
九月	33				
十月	12				
十一月	22.5			306.9 两	"户部送来秋季俸银十六两。五品半俸四十两，秋季应得二十两，而书吏又便扣其四两。"（光绪六年八月十二日《日记》）
俸银					
秋季	16				
又两季俸米 7 石 8 斗				16 两	
养廉					
秋季	12				
冬季	16			28 两	
馈赠					
王彀夫			京钱 10 万		
樊云门	12				
朱肯夫	20				"两君（王彀夫与樊云门）皆出典质之余，以救其穷，累及贫交，深用自愧，辞之不得。"（光绪六年二月六日《日记》）
胡梅卿	30				
三妹寄		10			
陶揩绶	8				
鲍敦夫	20				
胡梅卿	100				
潘伯寅（五月）	16				
陶心云	4				
秦镜珊	24				
庞省三	8				
王月坡		4			

光绪六年（续）

收入项目	银（两）	番圆	钱（文）	合计	备注
陶子珍自衡阳	50				
胡梅卿转赠	30				
潘伯寅（八月）	20				
赵桐孙	8				
樊云门（十二月）	12			402 两	
潘伯寅	30			14 番圆	
沈永泉自天津	10			100,000 文	
润笔					
葛氏墓志	80				
姚氏	50			130 两	
借入					
姚伯庸	100			100 两	
从礼部领得					
旗遍银	4			4 两	（原为 24 两）
			总计	986.9 两 14 番圆 100,000 文	
			折合总数	996.868 两	

光绪七年

收入项目	银（两）	钱（文）	合计	备注
印结银				
十二月、正月	20.5			

光绪七年（续）

收入项目	银（两）	钱（文）	合计	备注
二月	11			
三月	10			
四月	15			
五月	16			
六月	11.2			
七月	15			
闰七月、八月	16.2			
九月	8.5			
十月	25			
十一月	15		163.4 两	
俸银				
春季	16			
俸米（7 石 8 斗）折	2			
秋季（缺 5 钱）	16		34 两	
养廉				
（五月）六折	9.3			
（八月）八折	12			
（十二月）	16		37.3 两	
馈赠				
傅节子	4			
李合肥　别敬	12			
潘伯寅（五月）	20			
朱肯夫	50			

光绪七年（续）

收入项目	银（两）	钱（文）	合计	备注
平景荪	4			
吴硕卿自广州	12			
潘伯寅（八月）	20			
王益吾	20			
又	10			
潘伯寅（九月）	20			
王松溪自吉安	24			
陶子珍自长沙	30			
樊云门自汉阳	12			
张子中	6			
王鼎成自山西	12			
赵桐孙自易州	16			
黄漱兰自江阴	20			
潘伯寅（十二月）	30			
再惠	20		342 两	
润笔				
王子献先人墓志	20			
王益吾为浙抚嘱作左宗棠寿文	100		120 两	
借入				
乡人陆湘泉	50		50 两	
		总计	746.7 两	

光绪八年

收入项目	银（两）	钱（文）	合计	备注
印结银				
正月	12			
二月、三月	8			
四月	20			
五月	11			
六月	6.8			
七月	19.3			
八月	14.7			
九月	8			十一月无记录
十月	19.5		119.3 两	
俸银				
秋季	16		16 两	春季俸银无记录
养廉银				
春夏季	12.5			
秋季	12			
冬季	16		40.5 两	
俸米				
7 石 8 斗	3		3 两	
馈赠				
潘伯寅（三月）	20			
（四月）	30			
（八月）	30			
（十二月）	40			
又	20			
胡梅卿	100			
朱肯夫	40			

光绪八年（续）

收入项目	银（两）	钱（文）	合计	备注
胡梅卿	25			
陶子珍	20			
杨雪渔	12			
陈蓝洲	12			
张曜自新疆	40			
胡梅卿	100			
赵桐孙	10			
陈宝箴	30			
翁叔平	24			
周寿昌转交	30			左宗棠所赠
陶心云	4			
邵友濂	12		599 两	
润笔	100		100 两	
		总计	877.8 两	

光绪九年

收入项目	银（两）	番圆	钱（文）	合计	备注
印结银					
十二月、正月	13.7				
二月	38				
三月	68.75				
四月	66				
五月	28.9				
六月	16				

光绪九年（续）

收入项目	银（两）	番圆	钱（文）	合计	备注
七月	15				
八月	7.8				
九月	16				无十、十一月记录
十二月	12			282.15 两	
俸银					
秋季	16			16 两	春季俸银无记录
养廉					
春季	9.2				
秋季	9.6			18.8 两	
天津问津书院					
聘金	12			12 两	
馈赠					
朱桂卿		30			
胡少卿　别敬	40				
瑞璋　别敬	8				
孙子宜		30			
翁叔平	12				
朱伟轩自新竹	4				
陈如金　别敬	16				
黄漱兰自江阴	70				
傅子琭	90				
翁叔平	12				
沈熔经	8				

清季一个京官的生活

光绪九年（续）

收入项目	银（两）	番圆	钱（文）	合计	备注
樊云门	28				
陈蓝洲（豪）	8				
许竹筠	12				
陆渔笙自兰州	20				
王益吾自长沙	30			382 两	
翁叔平岁银	12				
陈六舟自开封	12			60 番圆	
润笔					
潘绂丈墓志铭	200				
张肖庵	50			250 两	
借入	50			50 两	
			总计	1,010.95 两 60 番圆	

光绪十年

收入项目	银（两）	钱（文）	合计	备注
印结银				
十二月、正月	12.6			
五月	6.5			三、四月无记录
闰五月	8			
六月	8			
七月	6			八月无记录
九月、十月	9.6		50.7 两	十一月无记录
养廉（去冬）	12		12 两	

光绪十年（续）

收入项目	银（两）	钱（文）	合计	备注
俸银				
春季	16		16 两	是年户部起假
天津问津书院				本年二月二十三日被推主掌浙绍乡祠
春季束脩酒馔银	216			
夏季束脩				
春季修凉棚费	343			
秋季修脯	241			
书院 节敬（八月）	16			
节敬（十二月）	16			
明年聘金	12			
冬季束脩	265		1109 两	
馈赠				
胡梅卿	50			
邵友濂	16			
朱彦生	12			
潘伯寅（二月）	30			
殷莩庭	10			
李爽阶	10			去年十二月二十七日自吴县寄
黄漱兰	50			
浙江孙按察使 别敬	8			
陶揩绥	12			
周玉山 炭敬	40			
翁叔平 岁银	12			
朱桂卿	8		258 两	
		总计	1,445.7 两	

清季一个京官的生活

光绪十一年

收入项目	银（两）	钱（文）	合计	备注
印结银				
正月	8			去年十一月始
二月	19.3			
三月	26			
五月	39.4			四月无记录
六月	21.5			
十月	41			七、八、九月
十一月	27		182.2 两	无记录
天津问津书院				
春季束脩	241			
夏季束脩	296			
秋季束脩	241			
八月节敬	16			
冬季束脩	265			
明年聘金	18		1,077 两	
馈赠				
许竹筼自柏林	30			
许仙坪自开封	30			
朱亮山自汾州				
炭敬	12			
陈六舟　别敬	10			
许应镠　别敬	8			
邵友濂自沪	16			
周玉山　五月节敬	40			
季士周送舟楫费	12			

光绪十一年（续）

收入项目	银（两）	钱（文）	合计	备注
樊云门自宜川	20			
胡梅卿 别敬	40			
朱蓉生	12			
王弢夫	14			
黄仲强	30			
李奇峰	20			
张朗斋	100			
翁叔平　岁银	12			
周玉山　岁银	30			
李学士（文田）	16		452 两	
润笔 周玉山致九华寺碑文润金	60		60 两	
		总计	1,771.2 两	

光绪十二年

收入项目	银（两）	钱（文）	合计	备注
印结银 二月 三月 十月	33.1 30.7 56		119.8 两	缺十二月、正月、四月、五月、六月、七月、八月、九月、十一月记录。是年京官照全俸发放
天津问津书院 春季束脩 夏季束脩	257 296			

　　清季一个京官的生活

光绪十二年（续）

收入项目	银（两）	钱（文）	合计	备注
（五月）节敬	16			
秋季束脩	241			
（八月）节敬	16			
冬季束脩	271			
明年聘金	12		1,109 两	
馈赠				
胡梅卿子送贽	16			
许仙坪　别敬	30			
邓献之	12			
杨文莹	8			
朱亮生　炭敬	12			
邵友濂　别敬	16			
周玉山　节敬	30			
觉罗竹坪　别敬	16			
瞿子玖学使　惠	20			
王益吾自扬州　惠	30			
吴清乡　别敬	12			
李奇峰自曹州　惠	12			
翁叔平　岁金	16			
胡云楣	16			
邵友濂　别敬	12			
张朗斋　岁金	40		298 两	
润笔赙金				
治舜臣送神道碑文费	100			
陈六舟　赙金	40		140 两	
		总计	1,666.8 两	

光绪十三年

收入项目	银（两）	钱（文）	合计	备注
印结银				户部销假
三月	25			
四月	25.6			
闰四月、五月	108			
六月	19			
七月	18			
八月	32			
九月	20			
十一月	50			十月无记录
十二月	40		337.6 两	
俸银				
夏季俸银	45			春季俸银无记录
冬季	80		125 两	
养廉				
（五月）	10		10 两	养廉记录不全
馈赠				
樊云门	20			
许仙坪　炭敬	24			
朱亮生　炭敬	12			
周学熙　节敬	20			
贺幼甫　节敬	16			
孟益甫	10			
倪豹臣　别敬	20			
陶少筠自广州	8			
鲍定夫	12			
陈六舟	24			

光绪十三年（续）

收入项目	银（两）	钱（文）	合计	备注
周玉山　炭敬	30			
赵桐孙自顺德	16			
胡云楣　炭敬	16			
赵桐孙　炭敬	16			
陶仲彝自江宁	30			
张朗斋自济南	50			
许仙坪自江宁	30			
翁叔平　岁金	12		366 两	
天津问津书院				
春季束脩	257.1			
夏季束脩	318			
五月节敬	16			
秋季束脩	241			
明年聘金	12		844.1 两	冬季束脩无记录
		总计	1,682.7 两	

光绪十四年

收入项目	银（两）	番圆	钱（文）	合计	备注
印结银					正月、二月、
三月	26				四月、五月、
六月	29				七月、八月、
					九月、十一月
十月	17			72 两	无记录

光绪十四年（续）

收入项目	银（两）	番圆	钱（文）	合计	备注
俸银					是年始领五品全俸，秋季俸银无记录
春夏季俸银	80			80 两	
养廉					此秋季养廉当为俸银之误
秋季	80				
养廉	10			90 两	
馈赠					
吴硕卿自广州炭敬	16				
樊云门自富平	20				
班侯	2				
王文诏　别敬	8				
王益吾自江阴	30				
周玉山　别敬	30				
陶仲彝自江宁	8				
鲍定夫	10			124 两	
润笔					
季士周自江阴寄墓志铭润笔	50				
吴澂夫寄《经策通纂》骈言费	50			100 两	
还款					
朱虎臣（文炳）还	12			12 两	
赙金					
殷尊庭	10				妻死
谢星海太守			10,000		

光绪十四年（续）

收入项目	银（两）	番圆	钱（文）	合计	备注
贺幼甫		10			
周玉山			12,000		
弟妹寄		26			
徐仲凡	4				
陈书玉	8				
翁叔平	4				
杨萃伯		2			
朱虎臣自上海		4			
施均甫	4				
吴士鳞		6			
陈书玉夫人		2		44 两	
王子献	6			50 番圆	
陶仲彝	8			22,000 文	
天津问津书院					
春季束脩	257				
夏季束脩及凉棚等银	296				
秋季	241				秋季,《日记》未记入, 兹补入
冬季	271				
明年聘金	12			1,077 两	
			总计	1,599 两 50 番圆 22,000 文	
			折合总数	1,634.4 两	

光绪十五年

收入项目	银（两）	番圆	钱（文）	合计	备注
印结银 （六月）	18			18 两	本年七月二日以后,《日记》不传
俸银、养廉					官俸当为一百六十两。俸银、养廉俱无记录
俸米 （五月）7 石 8 斗					
馈赠					
家中弟妹		7			
方右民　别敬	20				
朱亮生　岁银	16				
蒋廷黻　贽礼	4				
薛福成　别敬	8				
胡伯荣　别敬	16				
刘树棠　别敬	20				
何枢　　别敬	16			116 两	
范聘席　冰敬	16			7 番圆	
天津问津书院					
聘金	12				
春季束脩					春季束脩《日记》缺
夏季束脩	247			259 两	
			总计	393 两 7 番圆	
			折合总数	397.699 两	

清季一个京官的生活

三 李慈铭为京官时期每年支出表（同治二年至光绪十五年）

同治二年

支出项目	银（两）或番圆	钱（文）	合计	备注
日用				各项目名辞及用字皆依《日记》原来文字
米		214,000		
煤		2,000	216,000 文	
房租				
衣饰				
裁缝	1 两			
罗衫一领		28,000		
葛衫一领		12,000		
呢冠连缨		13,000		
狐袍一件	6 两			
半绉衬衫一件		38,000		
鞋一双	2 两		9 两	
缎鞋一双		7,000	98,000 文	
零用		217,000		
		119,800		
		2,000		
		214,000	552,800 文	
药				
关东参二两	2 番圆		2 番圆	
高丽参		10,000	10,000 文	
家用				
铜面盆一		12,500		
楹联两副		11,600		
肥皂潮烟等		3,000		

同治二年（续）

支出项目	银（两）	钱（文）	合计	备注
蘑菇五斤				
杏仁五斤		34,700		
杏脯五斤				
桃脯二斤				
大头菜十斤				
京冬菜十斤		12,800	74,600 文	
仆媪工资				
王福（正月）		4,000		
（二月以前工资）		12,000		
（四月）		8,000		
（七月）		8,000		
（八月）		8,000		
（九月）		8,000		
（十月）				
（十一月）	4		4 两	一两换钱 11,167 文
（十二月）		8,000	56,000 文	
书籍文具				
书		6,000		
新历一本		500		
日记簿一册		2,000		
《续通鉴》		60,000		
《道古堂全集》		12,000		
文华堂书肆		30,000		
文焕堂书肆		6,000		
《味经堂遗书》		4,000		
义成堂书肆		16,000		
日记簿一本		2,000		
《述学》		7,800		

演享一个京官的生活

同治二年（续）

支出项目	银（两）	钱（文）	合计	备注
《思补斋笔记》		420		
《淮南子》		4,000		
宝真斋书肆		6,000		
日记簿		2,000		
书		7,000		
《尔雅义疏》 《读书杂志》 《南唐书》		26,000		
文华坊书肆		5,000		
宫门抄，计付四、五、八、九、十、十一各月		12,000		每月 2,000 文
《缙绅录》一本		3,700		
水笔两支		1,200		
宝珍堂		5,000	218,620 文	
饮宴				
福兴居		25,000		
又		22,000		
又		36,000		
广兴居		13,000		
万兴居		2,000		
福兴居		18,000		
药王馆		5,000	121,000 文	
犒赏				
禄儿		2,000		
谢仆		1,000		

同治二年（续）

支出项目	银（两）	钱（文）	合计	备注
老穆		1,000		
馆仆		4,000		
车夫		2,000		
宝仆		1,000		
广东司小吏		1,000		
赏户部仆		2,000		
广东司小吏		4,000		
本司皂隶		4,000		
茶房		4,000		
堂皂门皂		2,000		
各堂官车轿卒		14,000		
门皂		1,000		
广东司皂马		2,000		
湖广司茶房		2,000		
王福节赏		4,000		八月
馆中诸仆节赏		12,000		
邑馆长班		1,000		
徐禄拜节钱		1,000		
陕西司火房		3,000		
茶房		2,000		
皂隶		2,000		
下走		1,000		
赏专足	9.2			
送印结银人		400		
又		1,000		
京察过堂				

清季一个京官的生活

同治二年（续）

支出项目	银（两）	钱（文）	合计	备注
广东司		8,000		
广西司		6,000		
送印结银人		1,400		
赏馆中诸仆		15,000		十二月
赏剃头匠		1,000		
署中、茶房		2,000		
裘褐钱		2,000		
隶役		2,000		
伙房		2,000		
王福		3,000		
鹅儿		2,000		
又年赏		2,000		
王福年赏		10,000		
邑馆长班节赏		1,000		
本司送官单人		1,000		
户部送知会人		1,000	9.2 两	
乘周氏车赏车夫		2,000	135,800 文	
缴纳户部	361		361 两	
庆吊祭祀				
庆贺		12,000		
寿诞份子钱		4,000		
赙份		30,000		
祭祀		2,000		
应酬礼物		10,000	58,000 文	
交通				
车钱		117,000		

同治二年（续）

支出项目	银（两）	钱（文）	合计	备注
马钱		1,000		
船钱		4,000	122,000 文	
还债				
钟慎斋	5.78			
胡仲芬		42,000		
德和钱铺	50			
息钱	14			
又	3			
狐裘银	4		78.78 两	
又	2		42,000 文	
	总计		461.98 两 2 番圆 1,704,820 文	

同治三年

支出项目	银（两）	钱（文）	合计	备注
日用				
	30	100,000		
		100,000		
		100,000		
		80,000		七月每两换钱
		14,000		9,250 文
		25,000		
		10,000		
		20,000		
		909,000		

清季一个京官的生活

同治三年（续）

支出项目	银（两）	钱（文）	合计	备注
	53	20,000		
		10,000		
		80,000		
		132,000		
		23,000		
		20,000		
		250,000	83 两	
		574,000	2,467,000 文	
衣饰				
珠皮袍褂一 灰鼠裘一 夹缎背心一	26			
洋布小衫裤袜		22,000		
摹本缎棉袍	8.5			
皮箱一		28,000		
棉袍一	3			
小帽一		3,200		
湖绉川绸夹衫二	12			
江绸单褂一	6			
江绸夹马褂一	4.5			
估衣店	20			
湖绉单衫一 纱背心三 湖绉小袄一	12			

同治三年（续）

支出项目	银（两）	钱（文）	合计	备注
棉背心一		10,000		
油绸雨伞一		80,000		
二毛马褂	10			
购衣	4.8			
羊皮睡褥	1.1			
灰色摹缎、二毛便袍	14			
虾青湖绉 26 尺	5.3			
皮鞋		18,000	127.2 两	
棉帽		4,000	165,200 文	
仆媪工资				
王福（三月前）	1	132,000		每月工资 8,000 文
（二、三月）		16,000		
鹣儿（七月）		3,000		
（十、十一月）		4,000		
王福（六、七、八、九月）		32,000	1 两	
（十、十一、十二月）		24,000	211,000 文	
家用用具				
铜锅、铜溺器各一		7,000		
火锅、铜暖锅一		7,000		
皂胰、牙刷、巴菰、自来火		3,000		

同治三年（续）

支出项目	银（两）	钱（文）	合计	备注
牙柄蕉扇一		18,000		
表一	10			
玻璃2尺（窗户用）		7,000		
折扇		6,300		
（泥金）		2,800	10 两	
竹帘一桁		8,000	59,100 文	
书籍文具				
《邵南江集》		1,000		
《梅崖居士外集》		700		
《枞礼堂经说》		1,600		
《毛诗郑笺》		7,800		
《宋本玉篇》		12,000		
《残本荆驼逸史》		6,000		
《绎史》		30,000		
《广雅疏证》等		27,000		
水笔三管		1,200		
朱墨一挺		400		
宝森堂书肆		20,000		
《问经堂丛书》		10,000		
《韩非子》 } 《晏子春秋》		4,000		
文华堂书肆		3,600		
张惠言《仪礼图》		10,000		

同治三年（续）

支出项目	银（两）	钱（文）	合计	备注
胡稚威《石笋山房全集》		7,000		
孙浦如《平津馆集》等		3,000		
《汲版史记》《胡刻通鉴》《阮刻十三经》		24,000		
《古文尚书撰异》《戴东原集》		4,000		
《艺海珠尘全集》		3,000		
《通志堂本礼记集说》	5.6			
描金淳化宣纸，八言楹帖一副		18,000	9.1 两	
宝森堂书肆	3.5		194,300 文	
歌郎狎妓				
芷郎		25,000		
芷侬		110,000		
芷秋	10	148,000		
桅娘		2,400		
又		2,400		
心兰		8,000		
小庆		8,000		
芷侬		36,000		
芷秋	10	42,000	22 两	
长随	2		381,800 文	

同治三年（续）

支出项目	银（两）	钱（文）	合计	备注
饮宴				
福兴居	6	370,240		
余庆堂		184,500		
同兴居	4	263,107		
同兴楼	2	37,000		
棣华堂		72,000		
富兴楼		25,000		
春华堂		48,000		
闻德堂		2,400		
棣华堂、同兴居		57,000		
夜饮		415,000		
厨子		20,000		
车饭		15,000	12 两	
游天宁寺		30,000	1,539,247 文	
戏曲				
戏园官座钱		14,000		
戏		4,000		
广德楼听戏		18,000		
赏送戏单人		2,000		
戏座钱		5,000	43,000 文	
庆吊				
庆贺	2	55,600	2 两	
丧吊		20,000	75,600 文	
馈赠		14,000	14,000 文	
车费	6	205,100	6 两 205,100 文	

同治三年（续）

支出项目	银（两）	钱（文）	合计	备注
馆中犒赏				
刘升拜岁		1,000		
赵礼、康升	1			
吴升	2			
穆头	1			
车夫		4,000		
刘升		2,000		
王升		2,000		
顺儿	2			
王升节赏		2,000		
贾升		2,000		
赵礼		2,000		
更夫		3,000		
康升		1,000		
魁子		1,000		
车夫		1,000		
禄儿		2,000		
刘升		1,000		
孙福		1,000		
王福		6,000		
鹏儿		3,000		
王福年赏		12,000		
鹏儿		10,000		
贾儿		2,000		
王升		2,000		
赵礼		2,000		
车夫		2,000		
更夫		3,000		

同治三年（续）

支出项目	银（两）	钱（文）	合计	备注
魁子		1,000		
王福随封银	0.55			
友仆	1		9.55 两	
使者	2		68,000 文	
署中犒赏				
送结银人		1,000		
署吏知会人		1,000		
邑馆长班		1,000		
衙门走使		2,000	5,000 文	
还债				
德和钱铺	50			
胡梅卿		2,000		
傅莲舟	14			
山西靳侩	6			
息钱	3.5		73.5 两	
谭研孙		8,000	10,000 文	
缴纳				
国子监四成贡照费		6,000		
录科赀金杂费		24,000		
试卷交吏部，付小费		3,000	33,000 文	
公宴				
同官团拜		14,000		
天宁寺公分		12,000	26,000 文	
		总计	355.35 两 5,497,347 文	

同治四年

支出项目	银（两）	钱（文）	合计	备注
日用				
零用（正月）	5			正月至五月在北京
（二月）	10	20,000	25 两	
（三月）	10	40,000	60,000 文	
衣饰				
藤冠及缨	1.6			
细葛小衫一件		600	4 两	在天津
鞋一双	2.4		600 文	
交通				
		15,000		
		3,000		
		20,000	18 两	
由津赴沪　船钱	18	62,000	100,000 文	
饮宴歌郎				
芷秋	10			
酒局		40,000		
下赏		8,000		
赏车夫		1,000		
饮春华堂，芷秋				
酒局		40,000		
下赏		8,000		
芷秋酒局		40,000		
下赏		8,000		
闻德堂，芷香		8,000		
芷秋酒局		30,000		

清季一个京官的生活

同治四年（续）

支出项目	银（两）	钱（文）	合计	备注
下赏		8,000		
夜饮毓兴居				
芷秋		30,000		
下赏		8,000		
芷秋	10			
车饭		3,000		
下赏		4,000		
广德楼四喜部芷秋纍演		20,000		
楼座		50,000		
晚饮福兴居		20,000		
下赏		2,000		
车饭		3,000		
芷雯		8,000		
送戏单人		2,000		
还芷秋		10,000		
芷衫		16,000		
芷秋酒局		30,000		
广如楼戏		23,000		
芷秋		6,000		
稻兴居				
采菱		10,000		
车饭		1,000		
芷衫		8,000		
车饭		2,000	20 两	
车赏		3,000	450,000 文	

同治四年（续）

支出项目	银（两）或番圆	钱（文）	合计	备注
还债				
德和钱铺	4 两			
傅子莼	6 两		10 两	
团拜				
才盛馆团拜公分		10,000	10,000 文	
犒赏				五月以后在会稽
王升		9,000		
老林		3,000	6.4 两	
鹏儿	6.4 两		12,000 文	
日用				
米	4 番圆			
米粟		43,000		
稻米 1 石 5 斗，黏米 1 斗	5 番圆	600		
薪	1 番圆	2,552		
家用	79 番圆		124 番圆	
各店年账	35 番圆	850	47,002 文	
仆媪工资				
金媪				每月 450 文
王元				每月 2 番圆
仰鸢				
腾雨				
愿华				
王福				
衣饰				
绸缎	13 番圆			

同治四年（续）

支出项目	银（两）或番圆	钱（文）	合计	备注
绉纱包头 6 尺				
玄绉袢头一条				
金刺棉帽一顶				
大帽一顶		3,604		
付缝人	1 番圆			
小儿银钏银铃	1 番圆			
带饰栏干之属	1 番圆		17 番圆	
棉花，纽扣，栏干	1 番圆		3,604 文	
零用				
龙眼 7 斤	1 番圆			
冰糖、枣子、烧酒	1 番圆			
莲子、榧子	1 番圆			
莲子、冰糖	1 番圆			
食物	1 番圆			
为内子买岁物	2 番圆			
又	3 番圆			
马子钱		10,000		
修墓	1 番圆			
立墓碑刻字	1 番圆			
香帛		8,000		
寓楼赁值	1 番圆			
饭	4 番圆			
赁庑	2 番圆			
留宿梅山寺	4 番圆			
船饭	2 番圆		35 番圆	
换钱	10 番圆		18,000 文	

同治四年（续）

支出项目	银（两）或番圆	钱（文）	合计	备注
交通				
船（五次）	2 番圆	460		
	3 番圆			
无锡快船	10 番圆			
轿钱一次		700	15 番圆	
舆钱一次		600	1,760 文	
犒赏				
陈元	2 番圆			
徐松	1 番圆			
潘升	1 番圆			
王福	6 番圆			
腾雨	1 番圆			
金福	4 番圆			
仰虬		600		
王福、王元		800	15 番圆	
珊娘		800	2,200 文	
拜岁赏				
王升		2,000		
赵礼		2,000		
王福		4,000		
阿僧		400		
王福、王元压岁	2 番圆			
徐妪		400		
剃头人老鲁		2,000		
舟人	3 番圆	1,000	10 番圆	
使者	5 番圆		11,800 文	

同治四年（续）

支出项目	银（两）或番圆	钱（文）	合计	备注
还债				
旧债	40 番圆			
	7 番圆			
	2 番圆			
	34 番圆		83 番圆	
馈赠				
余氏	33.8 两			
二妹	1 番圆		33.8 两	
沈蔺夫	20 番圆		21 番圆	
借出	10 番圆		10 番圆	
娶妾				
娶张珊银	400 番圆			
犒使	16 番圆		416 番圆	
		总计	117.2 两	
			746 番圆	
			716,966 文	

同治五年

支出项目	番圆	钱（文）	合计	备注
日用				
米一斗		480		
薪六十四束		1,200		
五十六束		800		
移寓湖塘周姓屋月租		6,000		
家用	14	1,900	19 番圆	
日用	5		10,380 文	

同治五年（续）

支出项目	番圆	钱（文）	合计	备注
仆媪工资				
佣妇徐氏	6	352		
腾雨（去冬）		500		
王福（十二月）	2		10 番圆	
王元（六月）	2		852 文	
衣饰添置				
令缝人制绸缎二绒裀	1			
付买镶纽帛材			1 番圆	
缝人		480	480 文	
用具购置				
草席一领		760		
朱漆浴盘一具		2,400		
洋纱帐子一具		3,350		
木凳四具		1,300	7,810 文	
零用				
付王福买食物	2			
付王福买办	1			
西瓜一担共十五枚		1,000		
枣苓龙眼饴锡等	3			
舒凫三双		1,000		
付佣人耷谷钱		1,422		
草钱	3			
香烛		500		
付王福买烟草豕肩修风灯	1			

同治五年（续）

支出项目	番圆	钱（文）	合计	备注
七星桥酒	2			
自三月迄五月毕清付节账	9			
修表		200		
令坊人理屋漏		200		
付工所守工舍人	1			
佣媪牙伶		300		
换钱	3			
零用		1,000	41 番圆	
付王福零用	16		5,622 文	
饮宴游玩山水				
付庖人	4			
初六日游资	3		7 番圆	
祭祀庆吊				
祭祀		1,360	7 番圆	
庆贺	7	400	1,760 文	
馈赠				
陈陶客之子来		400		
送孙子九赴闽	1		1 番圆	
大妹往柯山钱		800		
季弟赴单港拜文昌会分资		300	1500 文	
车费轿费船费				
舆钱（二次）		1,120		

同治五年（续）

支出项目	番圆	钱（文）	合计	备注
轿钱（四次）		1,260		
船钱（九次）	1	3,600	1 番圆	
小船钱（三次）		640	6,620 文	
犒赏				
仰鸢（馆中）		200		
王福		1,000		
仆媪		200		
亭山馆殡人徐姓者来		200		
孟生来，犒其舟人		200		
上塘，溇佃人范增来		100		
友仆	1		7 番圆	
使者	6	1,540	3,440 文	
还债				
还张溇俞氏都中汇款	17	500		
为夫人还账	40			
濮姓来索债再还	4			
还孙	12			
还五弟	1			
还郑妹夫	6		92 番圆	
还西迪濮氏都中汇款	12		500 文	

同治五年（续）

支出项目	番圆	钱（文）	合计	备注
上坟				
付船夫		1,220		
鼓吹舟钱		720		
鼓吹人	1			
单港舟钱		160		
鼓吹人		1,230		
山轿钱		600		
守墓人		680		
张缴人		50		
付庖人治上墓牲馔	2			
付王福买上冢礼物	4		7 番圆	
付守殡佃人范氏		200	4,860 文	
母死				
为棺椁布楮斋供酒食舟车		600,000		
付沈雨岩山茔地价	12		14 番圆	
付项里守墓人培土佣值	2		600,000 文	
完国课		75,000	75,000 文	
		总计	207 番圆 718,824 文	

同治六年

支出项目	番圆	钱（文）	合计	备注
日用				
稻秸 1,000 束		4,000		
禾秆 2,100 斤		2,000	6,000 文	
衣饰				
葛袍一领		1,890	1,890 文	
零用				自注："穷甚！将绝食矣。"
郑甥周岁冠履费	10		1,300	"近日工匠高价居奇，结伙要挟。几增平时数倍。"
匠人树凉棚		1,300		
王寅生子二女一	3			
轿钱　一次				
轮船费（赴武昌）	30	400	63 番圆	
季妹聘礼犒使	20		1,700 文	
		总计	63 番圆 9,590 文	

同治七年

支出项目	番圆	钱（文）	合计	备注
日用				
米	2	3,000		
薪（一担）	1			
又	1			
家用	10			
酒	5			
禾稿 731 斤	1			

同治七年（续）

支出项目	番圆	钱（文）	合计	备注
草 890 斤	2		26 番圆	
又	4		3,000 文	
房租				
移居王氏屋月租				
（五月）		3,000		
（六月）		3,000		
（七月）		3,000		
（八月）				
（九月）		3,000		
（十月）				
（十一月）		3,000		
（十二月）		3,000	18,000 文	
仆媪工资				
王福	8			王福每月工资 2 圆
又（五月）	4			
（六月）	2			
（七月）				
（八月）	2			
（九月）				
（十月）				
（十一月）	1			
（十二月）	2			
阿驹（七月）	1			阿驹每月工资 1 圆
（十一月）	1			
（十二月）	1			
王元（十月）	1		23 番圆	

同治七年（续）

支出项目	番圆	钱（文）	合计	备注
零用				
白团扇四柄		1,200		
剪刀		600		
中秋月饼	3			
山岷笋钱	2			
年馔	1			
付庖人	2			
腌腊、烟草、布带	2			
修墓	3			
石工	1			
寺僧	4			
收租船钱	1			
取监生照费	3			
王福娶妻	4			
王福零用	2		37 番圆	
药	9		1,800 文	
缴纳				
去年地漕	12		12 番圆	
书籍文具				
书	12			
纸	2		14 番圆	
邸抄		500	500 文	
饮宴				
生日酒馔	10		10 番圆	
施舍				
隐修庵	9			

同治七年（续）

支出项目	番圆	钱（文）	合计	备注
资福庵香火	11		20 番圆	
庆吊				
庆贺	3			
丧吊	1		4 番圆	
船费	2		2 番圆	
犒赏				
仆媪节赏	1			
王福拜寿	2			
使者		600	3 番圆 600 文	
还债	4	60,000	4 番圆 60,000 文	
赎质	27 35		62 番圆	
		总计	217 番圆 83,900 文	

同治八年

支出项目	番圆	钱（文）	合计	备注
日用				
米		120,000		
南米	3			
柴		900		
房租		36,000	3 番圆	
家用		6,000	162,900 文	

同治八年（续）

支出项目	番圆	钱（文）	合计	备注
仆媪工钱				
王福				每月 2 圆
阿驺				每月 1 圆
衣饰添置				
布	1			
缝人	5			
羽织帛围冠一顶	1			
衣物	24		31 番圆	
用具购置				
一红色窑钟，印石三枚		1,000	1,000 文	
零用				
笋		800		
茶叶	1	200		
腊肉、月饼、烟草	3			
牛乳	1			
年糕	2			
买黏秫裹、肉、黍	2			
买度岁用食物	9			
草	2			
禾稿 1,200 斤		840		
年费	40			
烛楮	1			
杂物	3			
装订旧书		300		
匠人制一长箧藏高祖遗像		650		

同治八年（续）

支出项目	番圆	钱（文）	合计	备注
修太西佩表		700		
族长以年老目瞽者乞增公钱		5,000		
厨子高六	2		66 番圆	
买祠外地		30,000	38,490 文	
书籍文具				
书籍	17	15,000	18 番圆	
纸	1		15,000 文	
饮宴			1 番圆	
食酒	1	7,500	7,500 文	
祭祀庆吊				
祭祀	1	3,750	3 番圆	
庆贺	2	100	3,850 文	
馈赠				
九弟	2			
二妹	2			
三妹	1			
楚材之子周岁，予以玉		400		
族叔家送嫁女，以病不果，致脂粉钱		200	5 番圆 600 文	
船费	3		3 番圆	
犒赏				
王福	4			
旧佣送笋来		240	6 番圆	
友仆	2		240 文	

同治八年（续）

支出项目	番圆	钱（文）	合计	备注
赎物				
为姬人赎回金约指		3,000		
赎敝羊裘及内人衣饰	10		16 番圆	
赎回所典裘	6		3,000 文	
还债				
还正月借郑子霞款	6			
还郑妹夫	5			
还郑妹夫及戒珠寺等	10			
还季弟	8			
还家人所借	8		37 番圆	
杂债		3,000	3,000 文	
借出				
腾雨来借钱为子娶妇，付	3		3 番圆	
		总计	192 番圆 235,580 文	

同治九年

支出项目	番圆	钱（文）	合计	备注
日用				
各铺年账	58	8,000	71 番圆	
各铺杂货	13		8,000 文	
仆媪工资				
王福（二月）	1			每月 2 圆
（三月）	2			
（四月）	2			

同治九年（续）

支出项目	番圆	钱（文）	合计	备注
（九月）	5			
（十二月）	8			
陈升（十二月）	1			
	3		22 番圆	
衣饰				
顐鼠褂子一	16			
羊皮马褂料一领	9			
蟒袍一领	14			
湖绉一匹、杭纺二丈	24			
杭纺绸		3,100		7 尺 2 寸
缯	10			
首饰	35		131 番圆	
缝人工料	23		3,100 文	
用具				
铜帽架一对		700		
高胫洋灯一盏	1			
眼镜		1,800		
西洋灯膏	2		16 番圆	
肩舆一辆	13		2,500 文	
家用零用				
新茶 2 斤		840		
西瓜 17 枚		870	2 番圆	
草	2	5,600	7,310 文	

同治九年（续）

支出项目	番圆	钱（文）	合计	备注
药				
参药	2		2 番圆	
书籍文具	47			
笔	1		48 番圆	
饮宴歌郎				
采菱	4			
兰攸	3			
又	3			
春燕楼		3,000		
夜饮袁氏舟	17			
饮同人	2			
付庖人工食	3			
酒食	3			
饮馔	50		85 番圆	
游栖山太尖山		1,700	4,700 文	
庆吊祭祀				
庆贺	6			
丧吊	5			
祭祀	40		51 番圆	
贽敬				
陈房师	4 两			
两座师	8 两		12 两	
馈赠施舍				
郑妹夫家				
甥果饼	1			
大妹	1			

同治九年（续）

支出项目	番圆	钱（文）	合计	备注
二妹	1			
三妹女弥月	2			
三妹	2			
张氏妹	4			
仲弟	1			
九弟	1			
两甥果物	2			
瑞侄汤饼		400		
王甥迎妇	2			
族侄娶妇		200		
资福庵尼	4			
周贵子娶妇		400	21 番圆	
寺僧		500	1,500 文	
考试费用				
考具	3			
会稽吏纳卷费	5			
办起复	22			
起复文书	6			
填亲供纸	10			
付公费	36			
付刻字人	35			
报事人	4			
藩司吏		700	134 番圆	
誊录墨卷	13		700 文	
中举后扫墓费用				八月中乡试
酒食舟楫	10			

同治九年（续）

支出项目	番圆	钱（文）	合计	备注
楮烛	1			
修墓	2			
工直（制匾八，祠主十座）	24			
树竿工料		108,000	40 番圆	
鼓乐	3		108,000 文	
犒赏				
梁贵	2			
陈升	3			
王福	34			
陈禄	1			
门干	1			
庖人	1			
轿夫	1			
诸佣男妇	12			
王福压岁钱	1			
其妇	1			
陈禄	1			
徐媪		200		
胡升	5			
友仆	17	1,000	81 番圆	
使者	1	1,320	2,520 文	
婚事（僧慧弟）				
聘金	40			
媒金	4			
相亲，媒人等		3,500	45 番圆	
乳媪	1		3,500 文	

同治九年（续）

支出项目	番圆	钱（文）	合计	备注
还债	49		49 番圆	
赎质	19		19 番圆	
缴纳				
粮课	14			
去年粮课	14		28 番圆	
		总计	12 两 845 番圆 141,830 文	

同治十年

支出项目	银（两）	番圆	钱（文）	合计	备注
日用					
米（七月）			23,000		是年正月
（十月）			40,000		离会稽
（十一月）			34,000		二月抵京
（十二月）			32,000		
又			32,000		
煤（六月）			7,000		
（七月）			8,000		
（十月）			46,000		
（十一月）			30,000		
又			27,000		
（十二月）			5,200		
又			46,000		
又			14,400		
水（七月）			3,000		
甜水（八月）			4,000	351,600 文	

同治十年（续）

支出项目	银（两）	番圆	钱（文）	合计	备注
房租					
（在沪）（二月）			1,600		
（在京）（二月）					
（二月）（京钱）					每月
（三月）			100,000		90,000 文
（四月）			50,000		旅店房四
（五月）			100,000		间
又			63,000		
（六月）			30,000		
质金			10,000		
房租（六月）			36,000		唐氏宅
（七月）			36,700		
（八月）			36,700		
（九月）			26,000		
（十月）			36,000		
（十一月）			36,700		
（十二月）			36,700	599,400 文	
仆媪工资					
王福（二月）	2				
（三月）			10,000		京钱
（四月）	2				
（五月）			10,000		
（六月）					
（七月）			5,000		
（八月）			10,000		

同治十年（续）

支出项目	银（两）	番圆	钱（文）	合计	备注
（九月）	6				
（十月）			20,000		
（十一月）			10,000		
（十二月）			20,000		
缉石（三月）			10,000		
（四月）	2				
（五月）			8,000		
（六月）					
（七月）			5,000		
（八月）			10,000		
（九月）	4				
（十月）			10,000		
（十一月）			5,000		
（十二月）			15,000		
王元（四月）			16,000		
陈媪（五月）			10,000		
（六月）					
（七月）			5,000		
（八月）			10,000		
（九月）					
（十月）			10,000		
（十一月）					
（十二月）			5,000	16 两	
又			15,000	219,000 文	

同治十年（续）

支出项目	银（两）	番圆	钱（文）	合计	备注
衣饰					
首饰铺	4				
金绣夹带			8,000		
金织栏干			19,000		
金叶子			16,000		
鞋			9,000		
金簿十五帖			53,000		
纬缨罗冠			22,000		
布盒			8,000	4 两	
毛儿窝一双			17,000	152,000 文	
参药					
东洋参三两			9,000		
高丽参四两	3				
又			18,000	3 两	
又			61,000	88,000 文	
日用					
白灰炉两具			9,000		
小杵臼木，长凳，水桶			10,000		
广益公杂货			21,000	40,000 文	
零用					
钉书			2,000		
酒			17,000		
丛棘两担			5,000		
粘纸匠					
寄信		11			

同治十年（续）

支出项目	银（两）	番圆	钱（文）	合计	备注
刻字匠			4,000		
烛楮			30,000		
京报、井水			17,000		
风门两扇			4,500		
窗户换玻璃			3,000		
修洋表			6,000		
圬工、灰钱			28,000		
洒扫费			2,000		
食物			1,500		
搬家运费					
邑馆公车捐银	2				
楼房，饭钱		11		2 两	在沪订船
仆媪杂费		6		28 番圆	
王福杂用			40,000	160,000 文	
书籍文具					
书籍	25.5				
纸			3,000	25.5 两	
邸钞			7,000	10,000 文	
饮宴歌郎游玩					
芷秋		1	40,000		
福兴居			122,000		
蔚华堂			9,000		
广和居			86,800		
余庆堂			26,000		

同治十年（续）

支出项目	银（两）	番圆	钱（文）	合计	备注
东兴居			30,000		
酒赏			1,000		
慈仁寺酒食			9,200	4 番圆	
隐修庵		3		324,000 文	在乡
戏曲					
曲钱			12,000	12,000 文	
庆吊祭祀					
庆贺			7,000		
丧吊			26,000	33,000 文	
交通					
车钱			188,800		
肩舆四乘			4,800		在乡
吴江大船船钱		17		137 番圆	
（由沪至京）船费	120		4,000	197,600 文	
贽敬					
刘缄三	2				
徐荫轩	2			4 两	
馈赠					
仲弟	2				
二妹	2			4 两	
犒赏					
腾雨		3			在乡
犒使			30,000		
舆夫李九			400		
王福节赏			4,000		

同治十年（续）

支出项目	银（两）	番圆	钱（文）	合计	备注
缉石节赏			1,000		
又节赏			1,000		
孙富节赏			1,000		
王福年赏			12,000		
缉石			4,000		
王媪			4,000		
王元守寓			4,000		
赏旅店人			6,000		在京
友仆		1			
使者		1			
广东司书吏			10,000		
全浙馆长班			2,000		
长班送浙省官单			2,000		署中
交刘缄三行卷付门费			3,000		
本司吏役			10,000		
吏役			6,000		
署吏			6,000		
署吏递坐班职员录			3,000		
				5 番圆	
				109,400 文	
缴纳					
本年钱粮		8			在乡
崇文门税局			1,000	8 番圆	

同治十年（续）

支出项目	银（两）	番圆	钱（文）	合计	备注
吏部投文费			12,000	13,000 文	
			总计	58.5 两 182 圆 2,309,000 文	

同治十一年

支出项目	银（两）	钱（文）	合计	备注
日用				
米（110斤）（三月）		35,000		
煤（三月）		7,200		
米煤酒食（八月）		203,000	245,200 文	
房租				
正月		36,700		
五月		36,700		
八月		36,700		
九月		36,700		
十、十一月		73,400		
十二月			220,200 文	
仆媪工资				
王福（三月）		10,000		
（三月）		10,000		
（五月）		10,000		
（寄家）（七月）	4			
缉石（三月）		5,000		
陈媪（三月）		5,000		
升儿		3,000	4 两	
更夫吕升（十月）		4,000	47,000 文	

同治十一年（续）

支出项目	银（两）	钱（文）	合计	备注
衣饰				
茧袍羊裘一件		70,000		
缝人制马褂，裁工		23,800		
狐皮马褂料一		50,000		
元色绉纱 1 丈 3 尺		37,000	180,800 文	
参药				
高丽参 1 斤 6 两		32,000		
又		50,000	82,000 文	
用具				
床席一		7,000		
坑二		4,000		
竹帘一		5,000		
纨扇一		4,000		
方桌二		28,000		
长桌一		20,000		
便椅四		24,000		
几二		8,000	100,000 文	
零用				
菊花十余盆		5,000		
京狗一只		8,000	13,000 文	
书	38.5		38.5 两	
饮宴游玩				
同司公宴		50,000		
宴朝鲜使臣		13,000		
松筠庵饮		20,000		
花之寺公宴		13,000		

同治十一年（续）

支出项目	银（两）	钱（文）	合计	备注
极乐寺		5,000		
文昌馆团拜		12,000	113,000 文	
庆吊祭祀				
庆贺		16,000		
丧吊		34,000		
祭祖		10,000	60,000 文	
馈赠				
殷莘庭洗儿		26,000	10 两	
季弟	10		26,000 文	
车费		68,000	68,000 文	
犒赏				
仆媪拜岁		2,000		
友仆		8,000		
使者		36,000	46,000 文	
还债				
消寒集餐钱		50,000	50,000 文	
赎质		130,000		
		120,000	250,000 文	
		总计	52.5 两 1,501,200 文	

同治十二年

支出项目	银（两）	钱（文）	合计	备注
日用				
米（六月）		26,000		

清季一个京官的生活

同治十二年（续）

支出项目	银（两）	钱（文）	合计	备注
（闰六月）		26,000		
（十二月）		18,000		
又		28,000		
又		30,000		
煤（六月）		24,000		
（闰六月）		20,000		
（十二月）		10,000		
又		20,000		
又		70,000	272,000 文	
房租				
（三月）		36,000		
（五月）		36,000		
（闰六月）		36,000		
（八月）		56,000		
（十月）		36,000		
（十二月）		37,000		
		17,000	254,000 文	
仆媪工资				
王福（六月）寄家	4			
病		4,000		
夏升（十月）		6,000		
王福南归	4		8 两	
仆媪等工钱		21,000	31,000 文	

同治十二年（续）

支出项目	银（两）	钱（文）	合计	备注
衣饰				
貂冠连缨一		96,000		
鞋一双		33,000	129,000 文	
用具				
绳床一具		20,000		
椭方书案一		20,000		
书架一		10,000		
椭长小案，椅二，几一，白泥火炉两架		29,000 8,000		
几垫		2,000		
铜洗头盆		17,000		
茗碗及铜托子		10,000		
破缸		16,000	132,000 文	
零用				
木香花两盆		14,000		
梧桐一本		8,000		
沥蓥三本		6,000		
桂花两小盆		3,000		
菊花		1,000		
卖花人来裹梧桐		3,000		
竹六十四竿		14,000		
丛棘两担七百六十斤		11,000		
糕粽等		40,000		
伏腊牲豚		9,600		
糕		3,800		

同治十二年（续）

支出项目	银（两）	钱（文）	合计	备注
果、楮		10,200		
红烛		3,400		
花爆、灯供		23,000		
对联		2,400		
厅事换玻璃窗		16,000		
卧室换玻璃窗		11,000		
漆油大门		3,000		
厅侧启双小门		12,000		
平内室地		14,000		
砌地用砖		14,000		
书稿交轮船寄去		3,000		
为王福造一小屋		17,000	242,400 文	
书	22		22 两	
饮宴游玩				
万福居		20,000		
广如居		131,000		
余庆堂		24,000		
谢公祠公宴		12,000		
松筠庵宴		28,000		
夕照寺		23,000	238,000 文	
戏曲				
点曲钱		1,000		
文昌馆公宴		12,000	13,000 文	

同治十二年（续）

支出项目	银（两）	钱（文）	合计	备注
庆吊祭祀				
庆贺	4	28,000		
丧吊		34,000	4 两	
祭祀		33,000	95,000 文	
犒赏				
仆媪年事		12,000		
夏升		12,000		
陈媪		22,000		
升儿		6,000		
更夫		4,000		
旧仆		6,000	62,000 文	
署中				
本司茶房皮袄		4,000		
署吏		3,000		
全浙馆长班		2,000		
庚午长班皮袄		2,000		
年事		2,000		
邑馆长班年事		2,000	15,000 文	
还债		300,000	300,000 文	
赎质		173,000		
		74,000		
		161,000	408,000 文	
		总计	34 两 2,191,400 文	

同治十三年

支出项目	银（两）	钱（文）	合计	备注
日用				
米				
（二月）		30,000		
（四月）		30,000		
（六月）		30,000		
（七月）		15,000		
（八月）		30,000		
（九月）		580,000		
（十二月）		50,000		
又		64,000		一两换京钱
煤				12,638 文 +
（四月）		20,000		
（七月）		8,040		
（八月）		29,000		
（十二月）		66,500		
米薪（八月）		80,000		
米薪酒（五月）		352,000		
苦水		3,500		
甜水		6,000	1,394,040 文	
房租				
二月定北半截胡同宋宅		36,700		三月至七月
（六月）付定		168,000		房租缺记
（八月）	4			

同治十三年（续）

支出项目	银（两）	钱（文）	合计	备注
（九月）	4			
（十月）	4			
（十一月）	4		20 两	
（十二月）	4		204,700 文	
衣饰				
小儿银锁（包金）一		24,500		
衣铺	8.96			
（女）西纱褪红裙	7			
金银罗衫	10			
（男）罗衫一	6			
罗裤一	1.5			
（女）镂纱罗衫一	4.3		37.76 两	
青鞋一双		8,000	32,500 文	
参药		40,000	40,000 文	
用具				
铜墨盒一		12,000		
水烟筒一		9,000		
团扇两把		15,000		
白灰炉、木架、抽底		7,500		
长桌子		13,000		
桌子一、几二		18,000	74,500 文	
零用				
花		31,000		
订旧书		3,500		

同治十三年（续）

支出项目	银（两）	钱（文）	合计	备注
干果		68,000		
脆饼		3,400		
冬至鸡豚		20,000		
画团扇钱		20,000		
表糊风门		3,000		
杂物		50,000	198,900 文	
书籍文具				
书		100,000		
邸抄		4,000	104,000 文	
散工工资				
梓人		8,000		
种树人		5,000		
阿郭		2,000		
胡元		4,000		
孟厨子		4,000		
车夫阿鲁		6,000		
英桂		1,000		
阿周		2,000	32,000 文	
仆媪工资				
新雇更夫（三月）		8,000		
牙人钱		1,000		
陈媪（四月）		5,000		
升儿（四月）		3,000		
岑福（六月）		6,000		
王福（八月）		10,000		
岑福（九月）		6,000		

同治十三年（续）

支出项目	银（两）	钱（文）	合计	备注
（十一月）		6,000		
陈媪（十一月）		5,000		
岑福（十二月）		6,000		
更夫（十一、十二月）		7,000	63,000 文	
交通				
车费		187,000	187,000 文	
犒赏				
小仆		600		
庖人		4,000		
王仆		4,000		
梁仆		4,000		
车夫		8,000		
莳花人		400		
岑福印结随封		2,000		
吴升妇脂粉费		8,000		
更夫棉花		5,000		
车夫		3,000		
岑福月赏		2,000		
诸仆节赏		20,000		
胡升拜寿		2,000		
岑福		2,000		
陈媪		2,000		
更夫		1,000	68,000 文	

同治十三年（续）

支出项目	银（两）	钱（文）	合计	备注
压岁钱				
岑福		10,000		
姬人		7,000		
陈媪		19,000		
胡升		4,000		
胡元		4,000		
胡氏两媪		6,000		
更夫		3,000		
胡升妇		8,000		
使者		73,000		
友仆		12,000	146,000 文	
署中				
署吏		22,000		
本司茶房皮衣费		3,000		
走卒		2,000		
各馆长班		5,000		
全浙馆长班		1,000		
乡祠长班		1,000		
邑馆长班		2,000		
庚午科长班		2,000		
浙省庚午长班		2,000	40,000 文	
馈赠				
李若农	2			
族子阿稼		6,000		
仲弟	4			
张氏妹	4		53 两	
季弟捐监银	43		6,000 文	

同治十三年（续）

支出项目	银（两）	钱（文）	合计	备注
缴纳				
礼部买卷		16,000		
小结费		1,000	17,000 文	
饮宴				
广和居	48	77,000		
太丰楼		54,300	48 两	
酒食		123,000	254,300 文	
歌郎				
琴香		10,000		
秋菱		115,000		
仆		30,000		
秋菱，琴香		8,000		
秋芬		20,000	183,000 文	
庆吊祭祀				
庆贺		56,000		
丧吊	4	53,400	4 两	
祭祀		23,000	132,400 文	
公宴				
团拜分资		12,000		
请刘、李两师		30,000		
饯李若辰师		34,000	76,000 文	
		总计	162.76 两 3,253,340 文	

清季一个京官的生活

光绪元年

支出项目	银（两）	钱（文）	合计	备注
日用				
米	12	60,000		
		74,000		
		81,000		
煤	10	30,000		
		37,000		
		70,000		
水（苦水）		3,500		
		3,500	70 两	
房租	48		359,000 文	
仆媪工资				
岑福		120,000		每月 10,000 文
陈媪		60,000		每月 5,000 文
更夫		84,000		每月 7,000 文
裁缝	5			
栽花人	3	11,000		
卖花人		9,000	8 两	
圬人		4,800	288,800 文	
衣饰				
首饰花翠		25,000		
银饰		13,000		
皂裙（姬人）		17,000		
鞋		8,800		
纳锦带版一对		10,000		
锡奁具（女用）		20,000		
泽发器（女用）		4,000		

光绪元年（续）

支出项目	银（两）	钱（文）	合计	备注
洋布（棉衣用）		16,000		
暖鞋一对		16,000		
女裙	3.6	34,500	3.6 两	
杌子茵褥			164,300 文	
花卉				
水仙三本		2,400		
竹（三杆）梅（一株）		12,000		
芭蕉（一本）				
花草		15,000		
花砖		5,000		
晚香玉（两丛）		1,000		
梅（二）		9,000		
水仙（三本）		3,300	47,700 文	
家用				
竹帘（一）		13,000		
干果		21,600		
冷布窗工料		8,700		
茶壶（二）		7,000		
桌子（一）		12,000		
纸钱		30,000		
玻璃风灯（二）		20,000		
锡烛台（二）		9,000		
年糕、爆竹、鸡豚等		84,000		
南货		37,400		
镜子		4,000	246,700 文	

光绪元年（续）

支出项目	银（两）	钱（文）	合计	备注
书籍文具				
《授堂遗书》	4			
《毛诗笺传通释》	3		7 两	
参药				
高丽参（一斤）		38,000		
又		20,000	58,000 文	
饮宴歌郎				
福兴居		7,000		
广兴居		40,000		
秋菱		20,000		
福兴居		29,600		
广兴居		40,000	136,600 文	
犒赏				
岑福（五月）		4,000		
外赏		2,000		
陈媪		4,000		
外赏		2,000		
胡元		5,000		
饶富		3,000		
王媪		4,000		
乳媪		2,000		
车夫		2,000		
更夫		3,000		
犒署吏（送养廉）		3,000		
茶隶		3,000		
走隶、皂隶		2,000		

光绪元年（续）

支出项目	银（两）	钱（文）	合计	备注
全浙会馆长班		1,000		
绍兴会馆长班		1,000		
山会会馆长班		1,000		
岑福（八月）		10,000		
陈媪		10,000		
胡元		5,000		
更夫		3,000		
车夫		2,000		
胡宅王媪		4,000		
乳媪		2,000		
各长班		3,000		
岑福（十二月）		20,000		
又		4,000		
门房煤钱		21,000		
陈媪		15,000		
皮袄赏		19,000		
内赏		4,000		
仆媪压岁钱		12,000		
长班杂役		12,000		
犒使		11,000		
胡升妇拜岁		10,000	209,000 文	
奠赙	2	11,000	2 两 11,000 文	
赎质		75,000		
		36,000		

清季一个京官的生活

光绪元年（续）

支出项目	银（两）	钱（文）	合计	备注
		81,000		
		70,000		
		62,000	324,000 文	
祭祀		25,000		
		16,000	41,000 文	
		总计	90.6 两 1,886,100 文	

光绪二年

支出项目	银（两）	钱（文）	合计	备注
日用				
米	10	120,000		
		230,000		
煤		112,000		
		98,000		
		27,560		985 斤
		93,000	10 两	
		35,560	716,120 文	1,270 斤
家用	44		44 两	
仆媪工钱				
岑福		120,000		每月 10,000
顺儿		24,000		每月 2,000
陈媪		40,000		每月 5,000
更夫		84,000		每月 7,000
杨媪		32,400	300,400 文	每月 8,000

光绪二年（续）

支出项目	银（两）	钱（文）	合计	备注
衣饰				
摹本缎马褂	11.2			
湖绉袍	10			
女缎袄	5.8			
夹缎马褂及夹缎袍	15			
洋布		3,000		
帽缨		13,000		
衣襦	2.9			
纺绸裈一，越罗裤一双		22,000		
葛纱袍		55,000		
芙蓉纱衫（女）	4.5			
秋帽		47,000		
首饰		16,000		
花布		10,000		
估衣铺	16			
涂金首饰		21,000		
鞋		8,800	65.4 两	
狼皮暖鞋		24,000	219,800 文	
用具				
茗碗及四托子		10,000		
铜鹦哥灯		18,000		
水桶		3,800		
白灰火炉两具		7,600	39,400 文	
零用				
南物		307,400		

清季一个京官的生活

光绪二年（续）

支出项目	银（两）	钱（文）	合计	备注
饼		6,000		
过年节物		50,000		
修表		4,000		
良乡修村庙		4,000		
门房修炕		4,000		
门房炉火		5,700		
粘厅事壁及风门纸窗		18,000		
编篱		2,000		
砖灰		45,000		
寄信		45,000		
岑福零账钱		8,500		
顺儿零账钱		2,000		
日用零账		50,000		
付圹人理瓦、砌砖		5,500	557,100 文	
花卉				
海棠丁香、晚香玉		4,200		
红杏、柳、紫丁香		12,500		
栾枝花		6,000		
红绣球、香紫茸		3,000		
菊花二十六株		5,500		
又花		25,000		
卖花人		25,200	81,400 文	

光绪二年（续）

支出项目	银（两）	钱（文）	合计	备注
书籍文具				
书籍	25.9	70,000		
纸		28,000		
京报		6,500	25.9 两	
新历		400	104,900 文	
饮宴歌郎				
秋菱	2	270,000		
仆		20,000		
霞芬	2	50,000		
芝秋		100,000		
熙春		30,000		
下赏		10,000		
饮歌郎家		10,000		
车饭		91,000		
福兴居		55,000		
广和居		73,500		
太丰楼		141,000		
酒资		40,000		
菜单钱		13,000		
酒食		64,400	4 两	
厨食		29,000	996,900 文	
戏曲				
观剧		2,000		
五乡祠观剧		6,000	8,000 文	

光绪二年（续）

支出项目	银（两）	钱（文）	合计	备注
祭祀庆吊公宴				
祭祖		4,000		
庆贺	2	15,000		
丧吊	8	42,000		
观音殿慈仁寺		16,000	10 两	
合请刘镌山师		16,000	93,000 文	
车费		150,000	150,000 文	
犒赏				
岑福		16,000		
守门张福		4,000		
更夫		4,000		
更夫皮袄费		10,000		
陈媪	10	5,000		
陈媪回南		1,000		
顺儿		54,000		
仆媪长班节赏		70,000		
长班皂役节赏		35,600		
友仆		84,000		
本司赏钱		6,000		
署吏		4,000	10 两	
各长班皮袄赏		6,000	299,600 文	
馈赠	15	37,000	15 两 37,000 文	

光绪二年（续）

支出项目	银（两）	钱（文）	合计	备注
缴纳（户部）				
广东司文书		8,000	8,000 文	
赎质		483,740	483,740 文	
考试费用				
考篮、油纸、铁钉		6,000		
考具、三场食物		38,000		
赏号军		8,000	3.2 两	
赁屋银	3.2		52,000 文	
		总计	187.5 两 4,147,360 文	

光绪三年

支出项目	银（两）	番圆	钱（文）	合计	备注
日用					
米	16		433,000		
煤			196,000		
苦水			4,000		
房租	48			124 两	
家用	60		12,000	645,000 文	予妻及姜
仆媪工钱			420,000		
岑福					每月 10,000 文
升儿					每月 3,000 文
顺儿					每月 3,000 文
杜升					每月 3,000 文

清季一个京官的生活

光绪三年（续）

支出项目	银（两）	番圆	钱（文）	合计	备注
王升					每月 10,000 文
张顺					每月 10,000 文
史贤					每月 10,000 文
刘媪					每月 5,000 文
杨媪					每月 5,000 文
王媪					每月 5,000 文
车夫					每月 3,000 文
更夫					每月 7,000 文
更夫孙姓					每月 6,000 文
更夫林升					每月 7,000 文
林更					每月 10,000 文
厨子孔姓				420,000 文	每月 7,000 文
衣饰					
蓝缎棉袍一	9				
姬人买锦缎裙一领			100,000		
湖绉夹衣里外裁及金银罗锦	9.3				
绔带钱			3,200		
舍利狐裙一领	20				
首饰			33,000		
衣料	2		50,000		
洋布			46,500		
大布			8,400		

光绪三年（续）

支出项目	银（两）	番圆	钱（文）	合计	备注
衣补	19.2		10,000		
棉花			21,600		
姬人天青缎 鼹鼠褂	4.6			64.1 两 272,700 文	
用具					
铜丫鸟			4,200		
画桌一			27,000		
柳木凳二			7,000		
白灰炉			14,000		
椅垫一双			10,000		
红尼椅垫 一对			10,000	72,200 文	
花卉					
卖花媪			20,000		
石榴黄蔷薇			8,000		
菊花			15,000		
花树			10,000		
木棉花			12,400		
又花			25,000	90,400 文	
零用					
南物			74,000		
面			23,000		
饼饵			6,200		
添买菜果			11,000		
祀神羊豕			21,000		

光绪三年（续）

支出项目	银（两）	番圆	钱（文）	合计	备注
鸡凫			18,500		
鱼			3,000		
鲜果			13,000		
年糕			18,900		
岁盘松、枣、桃、杏、粉饴			15,800		
春联			6,000		
香烛纸爆			19,300		
香烛			17,600		
灯烛			2,000		
采办祭品			52,500		
供馈食物			69,000		
装裱字画			9,000		
重裱任熊仕女图直帧			5,000		
请阳湖左锡惠女士馈团扇			10,000		
玉竹斋装裱汉碑			3,800		
名片			1,800		
山水横披装池			1,800		
裱粘匠			63,000		
雕翎扇一柄			30,000		

支出项目	银（两）	番圆	钱（文）	合计	备注
湘竹丝根泥金折扇一			10,000		
纨扇三柄			34,000		
纨扇二柄			12,600		
核桃			7,200		
螺烟			3,000		
刷染旧衣			10,000		
刷染罗衫			2,500		
付寄南绒花			23,000		
门房裱粘			6,000		
木工钱			39,000		
圬人修屋			21,680		
圬人工料			19,000		
砖			8,500		
车壁玻璃			2,000		
阑干子			4,000		
修佩表换枢条			12,000		
修佩表去垢钱			4,000		
粘房工			10,000	723,680 文	
书籍文具					
书	53	4	25,000		
纸			53,600		

光绪三年（续）

支出项目	银（两）	番圆	钱（文）	合计	备注
画			58,000	53 两 4 番圆	
京报			5,400	142,000 文	
饮宴歌郎游玩山水					
霞芬	14		460,000		
霞芬仆			80,000		
秋菱	26				
秋菱仆			70,000		
琴香、岫芬			50,000		
岫芬佐酒			16,000		
宴客，并招歌郎			30,000		
歌郎车饭			405,500		
太丰楼			328,000		
宴宾斋			45,200		
福兴居			60,000		
肴馔			201,000	40 两	
天宁寺			79,800	1,825,500 文	
戏曲					
同年文昌馆团拜演戏，人率			32,000		
广德楼观剧			18,000		

光绪三年（续）

支出项目	银（两）	番圆	钱（文）	合计	备注
观剧			29,000		
鼓词			4,000		
盲词			3,000	86,000 文	
祭祀庆吊					
庆贺			44,000	6 番圆	
丧吊		6	48,400	92,400 文	
贽敬					
刘镮山师家	2			2 两	
馈赠					
张樾民即日归南皮			10,000		
送礼物			19,000		
送鲍盆夫兄弟礼			6,800		
汤宅礼物			10,000	45,800 文	
车费（二十二次）			144,000	144,000 文	
犒赏					
车夫娶妇赏			10,000		
其妇来见赏			8,000		
甘井水夫			12,000		
中保			1,000		
张顺			10,000		

光绪三年（续）

支出项目	银（两）	番圆	钱（文）	合计	备注
顺儿			4,000		
更夫			3,000		
杨媪			10,000		
王媪			5,000		
王升			8,000		
仆媪印结随封			15,100		
更夫皮袄赏			15,000		
诸仆媪面食及敬生日			20,000		
岑福节赏			10,000		
更夫节赏			3,000		
杨媪节赏			4,000		
升儿节赏			3,000		
永儿拜节赏			10,000		
史贤年例钱			8,000		
林更年赏			4,000		
顺儿年赏			4,000		
友仆			49,000		
使者			134,000		
广东司吏送考文书（署中）			8,000		

光绪三年（续）

支出项目	银（两）	番圆	钱（文）	合计	备注
本司吏			6,000		
各长班节赏			5,000		
署吏			3,000		
乡祠馆长班皮袄赏			4,000		
庚午长班皮袄赏			2,000		
长班隶卒			12,000	390,100 文	
还债					
还子宜	20				
还许少筼		20,000（钱票）		20 两 20,000（钱票）	
赎物					
质库赎物			20,000	20,000 文	
考试费用					
礼部投卷			2,000		
买考具			14,700		
号军（入闱）			4,000		
（出闱）			3,000		
（入闱）			2,000		
赏岑福			6,000		
顺儿			3,000		
更夫			3,000		
老梁			2,000		

光绪三年（续）

支出项目	银（两）	番圆	钱（文）	合计	备注
蒋升			2,000		
升儿			1,000		
刘媪			2,000		
第三场号军送所留食物赏			5,000		
两次送考接考车钱			14,000	63,700 文	
			总计	303.1 两 10 番圆 5,033,480 文 20,000（钱票）	

光绪四年

支出项目	银（两）	钱（文）	合计	备注
日用				
米		984,000		
煤		418,000		
灯油		26,000		
甜水		28,000		
苦水		4,300		
房租	48		48 两 14,603,00 文	
仆媪工钱		420,000		
王媪				每月 5,000 文
杨媪				每月 5,000 文
顺儿				每月 4,000 文

光绪四年（续）

支出项目	银（两）	钱（文）	合计	备注
升儿				每月 4,000 文
长儿				每月 5,000 文
林升				每月 5,000 文
李升				每月 10,000 文
圬人				每月 10,000 文
更夫				每月 7,000 文
更夫丽				每月 7,000 文
更夫严			420,000 文	每月 7,000 文
衣饰添置				
手帕		10,000		
绸		10,000		
衣侩	8			
卖花妇人衣物钱		70,000		
媪人纱褂	3.5			
首饰		27,000		
买花媪		17,000		
冷布		6,000		
洋布		23,300		
被单		10,000	11.5 两	
风帽		15,000	188,300 文	
参药				
高丽参		23,000	23,000 文	
用具购置				
泔水桶		4,700		
洋纱帐幔		59,000		

清季一个京官的生活

光绪四年（续）

支出项目	银（两）	钱（文）	合计	备注
竹帘二桁		18,000		
桌面		2,000	83,700 文	
零用				
梅花		4,000		
杨柳红杏各一株		5,000		
垂柳、李花各一株		5,000		
花树		8,000		
菊花三十六丛		8,000		
种樱桃、碧桃、栾枝		6,000		
种树		8,000		
种花		7,000		
付种树人		13,000		
看花		2,000	66,000 文	
书籍文具				
书		2,000		
纸		2,400		
京报		2,500		
冬季《缙绅录》		4,000		
明年新历		1,200	12,100 文	
饮宴歌郎游玩山水				
秋菱	4	40,000		
仆		24,000		
霞芬		52,000		

光绪四年（续）

支出项目	银（两）	钱（文）	合计	备注
仆		10,000		
歌郎车饭		41,000		
太丰楼		27,000		
如松馆		2,000		
宴宾斋		8,000		
聚宾堂		15,500		
厨馔		14,000		
酒食		289,000		
姬人游厂桥		7,000		
游极乐寺		13,000	4 两	
出游		30,000	572,500 文	
戏曲				
盲人词		2,000		
庆乐园观剧		18,500		
天乐园观剧		13,500	34,000 文	
祭祀庆吊				
庆贺	2	22,000	2 两	
丧吊		32,200	54,200 文	
车费		66,500	66,500 文	
犒赏				
仆媪等印结随封				
（馆中）		6,000		
王媪		5,000		

光绪四年（续）

支出项目	银（两）	钱（文）	合计	备注
旧仆王升		4,000		
蒋升		20,000		
仆媪		2,600		
诸仆		4,000		
厨子赏		20,000		
更夫杨皮袄赏		10,000		
顺儿鞋钱		5,000		
李升节赏		5,000		
顺儿节赏		5,000		
王媪节赏		5,000		
杨媪节赏		5,000		
蒋升敬节		3,000		
马媪敬节		2,000		
各仆长班兵皂水车夫牙侩剃头等赏		20,000		
牙人		1,000		
友仆		22,800		
使者		82,000		
茶隶（署中）		3,000		
各长班兵役敬节		9,000	239,400 文	
还债				
还牧庄	12		12 两	
赎物				
赎佩表		73,000		

光绪四年（续）

支出项目	银（两）	钱（文）	合计	备注
赎金耳环		46,500		
姬人赎手钏		28,000		
赎中秋质四裘		318,000		
赎三月间质敝裘一		61,000	526,500 文	
买妾支费				
买妾席氏	130			
付媒媪	2			
道喜钱		10,000		
付仆媪等买妾门规	2.6			
又赏王媪杨媪		40,000		
仆媪等道喜		10,000	134.6 两	
饮宴好友		60,000 文		
		总计	212.1 两 3,806,500 文	

光绪五年

支出项目	银（两）	钱（文）	合计	备注
日用				
米		420,000		
		40,000		
		400,000		
煤（五月）		172,000		
（十二月）		85,000		
		83,000		

光绪五年（续）

支出项目	银（两）	钱（文）	合计	备注
（九月）		40,000		
（二千斤）		92,280		
面粉		46,400		
灯油（五月）		72,000		
（十二月）		53,000	1,503,680 文	
房租	72		72 两	每月 6 两
仆媪工资				
门仆		8,000		
顺儿		6,000		
更夫		7,000		
王媪		7,000		
李升		8,000		
杨媪	2		5 两	
仆	3		36,000 文	
衣饰				
洋布		24,000		
棉被		30,000		
洋绸		40,000		
男狐袍一				
女狐袍一	21		37.5 两	
女狐裘，绉衫	16.5		94,000 文	
花卉		17,700	17,700 文	

光绪五年（续）

支出项目	银（两）	钱（文）	合计	备注
家用用具				
茶碗、托子		14,000		
铜鸭炉		40,000		
小玉印、象箸		12,000		
茶碗（六）、托子（四）		10,000		
编筆篱		3,000		
面盆		16,300		
楹联		20,600		
白泥火炉		7,000		
小函		1,000		
春联		7,000		
纱灯（四）		29,000		
糕		20,000	179,900 文	
文具神像				
笔		3,000		
名片		3,000		
神像		13,000		
笺札		9,700	28,700 文	
交通		154,000	154,000 文	
饮宴		40,000		
		4,000		
		7,000		
		24,000		
		40,000		
		11,100		

光绪五年（续）

支出项目	银（两）	钱（文）	合计	备注
		28,000		
		30,000		
		34,000		
		170,000	388,100 文	
歌郎		17,000		
		12,000		
		18,000		
		52,000		
		94,000		
		60,000		
		15,000		
	2	10,000		
	8			
	4	9,000		
		62,000		
	12	6,000		
			38 两	
	12		355,000 文	
观剧		27,000		
		85,000	112,000 文	
庆吊祭祀				
庆贺		56,000		
吊		95,000		
祭		213,600	364,600 文	
馈赠		42,000	42,000 文	

光绪五年（续）

支出项目	银（两）	钱（文）	合计	备注
还债、赎质		413,000	413,000 文	
其他		46,400	46,400 文	
犒赏		280,000	280,000 文	
		总计	152.5 两 4,015,080 文	

光绪六年

支出项目	银（两）	钱（文）	合计	备注
日用				
米（五月）		300,000		
（八月）		222,000		
（十二月）		171,000		
煤（五月）		120,000		
（八月）		90,000		
（九月）		92,000		
（十一月）		48,000		
（十二月）		154,000		
甜水		20,000		
灯油（八月）		44,000		
（十二月）		54,000		
西洋灯油	1.4		1.4 两 1,315,000 文	
房租	72		72 两	

光绪六年（续）

支出项目	银（两）	钱（文）	合计	备注
仆媪工资				
李升		120,000		每月 10,000 文
升儿		32,000		每月 4,000 文（正月至八月）
顺儿		32,000		每月 8,000 文
王媪		120,000		每月 10,000 文
杨媪		120,000		每月 10,000 文
更夫		84,000		每月 7,000 文
高升		14,000	522,000 文	每月 7,000 文（十一、十二月）
衣饰				
鞋一双		11,400		
夹衣一件	3.5			
制冠钱		37,600		
女裙、袖	10			
袖	2.4			
裙	4			
棉衣绸布		78,000		
棉冬鞋一双		19,000		
手套		4,000		
羊裘一件	13			
绸		25,000		
锦带		33,000		
被裁钱		20,000		
洋蓝布	6.7	23,000		
连襪一双	3.8			

光绪六年（续）

支出项目	银（两）	钱（文）	合计	备注
佩件	2.2			
首饰	2.7	73,000		
女袄二		66,000		
内城马聚兴买本色貂冠一，獭皮冠一	11.3		59.6 两 390,000 文	
家用				
茶杯		12,000		
又（有耳）		3,000		
食篮一对		8,500		
广东藤椅		50,000		
冷布、绳、纸		12,000		
西瓜		6,000		
蘑菌二斤		40,000		
蒸饼		11,000		
春联		10,000		
牲果、爆竹、烛		120,000		
祭祖果馔		15,000		
帽盒		21,000		
裱糊厅事		32,000		
修炉灶		17,000		
南物		20,000		
裱糊客座厨房		23,000		
京兆南物	1.8	10,000		
干果		90,000	1.8 两	
祭祖供馈		22,000	522,500 文	

清季一个京官的生活

光绪六年（续）

支出项目	银（两）	钱（文）	合计	备注
参药				
散		20,000		
同仁堂丸		23,000		
又		17,000		
同仁堂丸		10,000		
又		18,000		
熊油虎骨膏		5,000	93,000 文	
书籍文具				
怡邸花笺		16,000		
松竹斋纸		20,000		
又		50,000		
又		40,000	5 两	
宝森书铺	5		126,000 文	
花卉				
桂花		16,000		
茉莉花（四十八本）		8,000		
又		5,000	29,000 文	
交通				
车费		604,000	604,000 文	
馈赠				
族叔遗妾		56,000	56,000 文	
仆媪赏钱				
节赏（五月）		110,000		
（八月）		48,000		
（十二月）		51,000	209,000 文	

光绪六年（续）

支出项目	银（两）	钱（文）	合计	备注
饮宴				
余庆堂		31,000		
同庆居		40,000		
余兴堂		20,000		
太丰楼		100,000		
福兴居		20,000		
余庆堂		34,000		
太丰楼		20,000		
又		15,000		
聚宝堂		15,000		
太丰楼		50,000		
司马厨人酒食		100,000		
聚宝堂		25,000		
太丰楼		50,000		
安徽馆		23,000		
太丰楼		20,000		
聚宝堂		22,000		
又		100,000		
太丰楼		152,000		
			837,000 文	
歌郎	44	1,604,700	44 两 1,604,700 文	
中进士后费用				
翁叔平 贽敬	4			
徐荫轩	4			
麟素文	4			

光绪六年（续）

支出项目	银（两）	钱（文）	合计	备注
景俭卿	4			
许应骙	4			
公宴座师，分		28,000		
公请房师，分		34,000		
翁门仆赏钱		9,000		
许门仆赏钱		9,000		
四师家人		48,000		
房师门仆		4,000		
浙馆长班		6,000		
邑馆长班		3,000		
四师舆夫		32,000		
引见排单，赏		2,000	20 两	
报子赏		12,000	187,000 文	
节敬				
徐、麟、景、翁，房师林编修共	10		10 两	
门茶		18,000	18,000 文	
生日贺礼				
景秋坪	2			
麟素文	2			
门包		3,000	6 两	
林编修	2		3,000 文	

光绪六年（续）

支出项目	银（两）	钱（文）	合计	备注
家仆赏钱		64,000	64,000 文	
会试费用				
署吏办送试文件		8,000		
礼部买卷钱		18,000		
赏号军		12,000		
文移处住宿饭仆茶费		35,000		
保和殿覆试车钱		16,000		
殿试付文移处宿食茶车费		58,000		
入城听候小传胪		20,000		
朝考卷银	5			
朝考付文移处食宿、车费		53,000		
同门姓名录付文奎堂	2			
送林编修行卷板费	24			
庚辰长班送同年名号谱		32,000		
付龙云斋刻同年齿录	3			
付文奎堂刻字铺	10.5			
又	2		46.5 两	
礼部送登科录		8,000	260,000 文	

光绪六年（续）

支出项目	银（两）	钱（文）	合计	备注
戏曲				
鼓词		6,000		
又		5,000		
又		2,000		
庆乐园观剧		15,000		
中和园观剧		10,000		
消寒雅集		22,000		
又		6,000	66,000 文	
庆吊				
庆贺		5,000		
又		6,000		
又		10,000		
丧吊、赙奠	4	8,000		
又		10,000		
又		2,000		
又		2,000		
又		4,000		
又		4,000	4 两	
又		10,000	61,000 文	
团拜公宴				
团拜		10,000		
又		10,000		
又		16,000		
又		100,000		
又		4,000	140,000 文	
		总计	270.3 两 7,107,200 文	

光绪七年

支出项目	银（两）	钱（文）	合计	备注
日用				
米		375,800		
煤		369,400		
苦水		34,000		
甜水		18,000		
香油		62,000		
灯油		146,000		
房租	72		89.2 两	
家用（予妻及妾）	17.2		1,005,200 文	
衣饰添置	7.8	175,000	7.8 两 175,000 文	
用具购置				
洋瓷供盒		23,000		
铜帐钩		6,000		
渗金宣炉		20,000		
渗金小炉		8,000		
桃花草虫瓷盅一对		6,000		
灯烛		4,000		
大幅草席一张		11,500		
鹰毛大扇两把		7,000		
炕枕枕垫		19,000	104,500 文	
零用				
花	7.5	97,000		
干果		331,700		
花爆		28,500		
西瓜		7,800		

清季一个京官的生活

光绪七年（续）

支出项目	银（两）	钱（文）	合计	备注
鲥鱼		11,000		
糕面		32,000		
刻字铺送门簿门封钱		6,000		
梳头钱		1,000		
粘中厅仰尘，付黄纸匠		23,000		
粉团子		3,000		
中厅向南窗上下皆以玻黎为之，木工钱		19,000		
烛、爆、纸马等		48,500		
鸡凫豚鱼等		23,000		
修佩表		6,000	7.5 两	
修佩表及易铜机		17,000	654,500 文	
书籍文具				
书籍	6	24,000		
纸		80,000		
冬季《缙绅录》及明年新历		5,000	6 两 109,000 文	
仆媪工钱				
李升		120,000		每月 10,000 文
更夫王升		84,000		每月 7,000 文
顺儿		48,000		每月 4,000 文
王媪		72,000		每月 6,000 文
杨媪		72,000		每月 6,000 文
升儿		48,000	444,000 文	每月 4,000 文

光绪七年（续）

支出项目	银（两）	钱（文）	合计	备注
饮宴歌郎				
聚宝堂		196,300		
太丰楼		87,800		
霞芬家		190,000		
酒食		54,000		
霞芬	16	100,000		
霞芬仆		30,000		
玉仙		70,000		
玉仙仆		8,000	16 两	
霞玉		60,000	786,100 文	
戏曲				
文昌馆观剧坐钱		10,000		
草堂坐钱		8,000		
傀儡戏		15,700		
听瞽人弹词		8,000	41,700 文	
祭祀庆吊				
祭祀		141,500		
庆贺	4	15,000	4 两	
丧吊		101,200	257,700 文	
团拜节礼饯行等用费				
才盛馆同司团拜演剧席分		10,000		
诣房师林赞虞编修送节礼	2			
与敦夫合饯钱星斋、许竹筠		140,000	2 两 150,000 文	

清季一个京官的生活

光绪七年（续）

支出项目	银（两）	钱（文）	合计	备注
馈赠				
族人王节妇		62,000	62,000 文	
舟车费				
车钱		137,400		
船钱		10,000	147,400 文	
犒赏				
王媪杨媪（馆中）		10,000		
庖人		214,000		
车仆		8,000		
王媪节赏		6,000		
李媪节赏		6,000		
福儿节赏		5,000		
更夫节赏		5,000		
琳儿节赏		4,000		
李升节赏		10,000		
李升棉袍钱		7,000		
更夫皮袄钱		10,000		
李升等叩岁		22,000		
岑福叩岁		8,000		
升儿叩岁		6,000		
李升年赏		15,000		
王媪年赏		11,000		
杨媪年赏		11,000		
更夫年赏		7,000		
卖花媪衣饰		2,000		
崇效寺坐钱		12,000		

光绪七年（续）

支出项目	银（两）	钱（文）	合计	备注
慈仁寺僧茶钱		2,000		
天宁寺园丁		3,000		
使者		17,000		
友仆		11,000		
全浙馆长班（署中）		2,000		
庚辰长班		2,000		
浙绍乡祠长班		2,000		
兵役		2,000		
茶房节钱		3,000		
署吏		9,000		
八家门礼钱		16,000	448,000 文	
还债				
还去夏所借敦夫钱	4		4 两	
		总计	136.5 两 4,385,100 文	

光绪八年

支出项目	银（两）	钱（文）	合计	备注
日用				
米	16	130,000		
煤	5.2	138,000		
灯油		137,000		
香油		44,000		
甜水		38,000		

光绪八年（续）

支出项目	银（两）	钱（文）	合计	备注
房租	72		93.2 两	
家用（予妻及妾）		30,000	517,000 文	
仆媪工钱				
李升工食		10,000		
又		6,000		
王媪工食		6,000		
杨媪工食		6,000		
蒋媪工食		5,000		
升儿工食		4,000		
更夫工食		4,000		
圬人工食		18,000	59,000 文	
衣饰添置				
绸缎	4			
绸布	10	182,000		
纱绸衫各一	4			
甘尖褂一	15			
舍利狐马褂一	17			
摹本缎面羊皮马褂	7			
狐皮半臂	3			
貂袖	2			
为张甥买羊裘一	4.5			
为席姬买羔褵一	5.5			
裘	12			
为张姬买羊褵一	8			
靴	2.9	13,000		

光绪八年（续）

支出项目	银（两）	钱（文）	合计	备注
缎棉鞋钱		33,000		
付卖衣人	13			
付缝人		59,000	115.7 两	
付卖花姬衣饰银	7.8	24,000	311,000 文	
用具购置				
桌一		17,000		
制箱箧三（藏书画）		30,000		
木箱木箧各一		15,000		
铜丫鸟		3,000		
藤床一张	5		5 两	
红呢椅垫		14,000	79,000 文	
零用				
花：栾枝花、菊花		8,500		
蜡梅一树		10,000		
干果		6,000		
酒	14	153,000		
蒸饼饵		103,000		
糕饼		10,000		
付过年烛爆香楮等钱		53,000		
文奎斋刻箱箧		50,000		
石灰		12,000		
冷布粘窗等		15,000		
粘房两间	1			
裱粘匠		40,000		

光绪八年（续）

支出项目	银（两）	钱（文）	合计	备注
绒线		30,000		
金绣佩表套、金绣		9,000		
眼镜套各一		20,000		
又				
付木工钱		20,000	15 两	
零用		70,000	609,500 文	
书籍文具				
书籍	2	65,000		
纸		104,000		
职名录		2,000	2 两	
明年新历		1,300	172,300 文	
饮宴歌郎游玩山水				
霞芬	20	480,000		
霞芬仆		130,000		
园厨赏		10,000		
车饭钱		133,500		
玉仙	2	100,000（京钱）		
玉仙仆		10,000		
云和下赏		10,000		
聚宝堂		444,500		
便宜坊		63,000		
公钱施敏先		26,000		
公钱		24,000		
肴馔		158,000		

光绪八年（续）

支出项目	银（两）	钱（文）	合计	备注
司马厨子酒食钱		1,171,500		
游崇效寺		45,000		
游花之寺、崇效寺		4,000		
两寺坐钱		4,000	22 两	
寺坐钱		28,000	2,751,500 文	
茶房		10,000	100,000 文京钱	
戏曲				
偶人戏钱		8,000		
鼓词		20,000	28,000 文	
祭祀庆吊				
祭祀		30,000		
庆贺		12,000	2 两	
丧吊	2	90,000	132,000 文	
贽敬				
诣翁叔平、麟芝庵、景秋坪，各送礼二金	6			
诣房师林编修，送礼	2		8 两	
馈赠				
族孙阿荣南还，予钱		10,000	10,000 文	
周济施舍				
族人王节妇		20,000	20,000 文	
车费（七十五次）		201,900	201,900 文	

光绪八年（续）

支出项目	银（两）	钱（文）	合计	备注
犒赏				
李升节赏（馆中）		10,000		
节敬		12,000		
年赏		15,000		
寿赏		6,000		
王媪节赏		7,000		
节敬		9,000		
年赏		10,000		
寿赏		5,000		
杨媪节赏		7,000		
节敬		9,000		
年赏		10,000		
寿赏		5,000		
升儿节赏		4,000		
节敬		6,000		
年赏		7,000		
寿赏		3,000		
更夫节赏		4,000		
节敬		6,000		
年赏		7,000		
寿赏		3,000		
林儿节敬		7,000		
拜年		5,000		

光绪八年（续）

支出项目	银（两）	钱（文）	合计	备注
龄儿叩寿		8,000		
仆媪辈寿赏		95,000		
仆媪节敬		64,000		
甥侄辈压岁钱		80,000		
仆辈		16,000		
更夫皮衣		10,000		
厨人赏		46,000		
犒姬人车		22,000		
犒赏		12,000		
下赏	6	25,000		
张升		2,000		
友仆		16,000		
使者		210,000		
署隶皮衣赏（署中）		3,000	6 两	
长班皮衣赏		4,000	770,000 文	
还债				"此日窘甚，负债如牛毛矣"。（光绪八年十月廿五日《日记》）
还光甫		30,000		
还敦夫		18,000	48,000 文	
为母请封典	4			
陈书玉续娶钱氏请莼客为女之父				

光绪八年（续）

支出项目	银（两）或番圆	钱（文）	合计	备注
犒书玉使		22,000		
陈氏女使		8,000		
陈氏使及媪		16,000		
陈氏犒赏		20,000		
张李两家女使		13,000		
张李两家女		4,000		
犒郑使宅		6,000		
犒李使宅		3,000		
庖人赏		55,000		
看街兵役赏		7,000		
仆媪敬喜		10,000		
付女仪	6 番圆			
唱鼓词		10,000		
门彩氆氌等		21,800		
喜钱		6,000		
车钱		10,800		
致书玉女果饵	2 番圆		4 两	
付铜火炉		11,000	8 番圆 223,600 文	
		总计	272.9 两 8 番圆 5,932,800 文 100,000 文京钱	

光绪九年

支出项目	银（两）	番圆	钱（文）	合计	备注
日用					自六月下旬，户部尚书阎敬铭议欲复铜制钱，银价骤贱。钱铺歇业者三十余家。（光绪九年七月十日《日记》）京师雨水过多，物价昂贵。（光绪九年七月廿四日《日记》）
米（五月）	6				
（八月）	3				
（十二月）	13				
煤（五月）	10		91,000		
（十二月）	15				
灯油			70,000		
香油			53,000		
甜水			30,000	119 两	
房租	72			244,000 文	
仆媪工资节赏					
五月节赏					
李升			16,000		
升儿			10,000		
王媪			12,000		
杨媪			12,000		
更夫			10,000		
厨人			14,000		
八月节赏					
李升			13,000		
升儿			8,000		
王媪			9,000		
杨媪			9,000		
更夫			8,000		
张升			3,000		

光绪九年（续）

支出项目	银（两）	番圆	钱（文）	合计	备注
打扫房屋赏					
顾升			8,000		
张升			8,000		
玲儿			8,000		
全儿			6,000		
王媪			8,000		
蔡升			6,000		
老王			6,000		
顾升工资（十月）			10,000	184,000 文	
圬人修房墙			75,000	75,000 文	计十五日至二十日五日，每日工资15,000 文
衣饰					
毡冠连顶缨			26,500		
衣贾钱	97				
绸布	16				
卖花媪	20				
女缎袍一领	9.3				
隆兴绸布铺	12				
绒线			25,000		
银饰			54,000		
湖绉纱夹衣	7				
女纱衫	2				
衣贾邓姓	8				
棉半臂一	1.8				

光绪九年（续）

支出项目	银（两）	番圆	钱（文）	合计	备注
黑缎云钩履			15,000		
罗冠	2				
缎云钩履			13,600		
卖花媪	3.8		70,000		
吴旗媪			100,000		
裁缝	5				
绸布	10				
妻布被，两姬各制洋纱帐			136,000		
灰鼠袍一，狐脑褂一，珠皮马褂一	33				
舍利狐褂一，易缎表，换锋毛	11				
眼镜			15,000	237.9 两	
修旧镜			2,500	457,600 文	
用具					
床一、桌一、几二			57,000		
制小木床			18,000		
帘			27,000		
木箱二			40,000		
康熙窑翠龙盘一			7,000		
玻璃灯四盏			35,000		
琉璃灯一对			18,000	202,000 文	

光绪九年（续）

支出项目	银（两）	番圆	钱（文）	合计	备注
花卉					
红梅两株			6,400		
绯梅三盆			10,000		
水仙花三丛			2,700		
朱砂栾枝两株			13,500		
石榴花四盆			15,000		
草花一担			5,000		
荷花			7,000		
花一担			16,000		
秋海棠一本			1,300		
菊花二十二盆			8,000		
又三十一盆			13,000		
素心蜡梅花三盆、红梅二盆			27,000	124,900文	
家庭零用					
干菜	43				
酒	3.5				
饼			3,500		
酒、肉、点心、烛等	20				
花爆			22,400		
琢印章			14,000		
装裱篆书			14,400		
仆媪锄圃			5,000		
冷布等			21,000		
送仓米力钱			10,000		
赁大堂绒地衣及锅			12,000	66.5两 102,300文	

光绪九年（续）

支出项目	银（两）	番圆	钱（文）	合计	备注
迎妻来京用费					
赴通州车钱			125,000	125,000 文	
修理、裱糊房屋					
修屋			2,000		
粘房			18,000		
裱厅事三间			35,000		
裱糊房室			70,000		
纸潢匠			46,000		
童仆打扫			3,800	174,800 文	
仆媪等叩喜钱	10,000			10,000 文	
交通					
车费			285,000	285,000 文	
药	5				
刻玉匠人			5,000	5 两 5,000 文	
书籍文具					
书籍	12.5				
春季爵秩录			4,000	14.5 两 4,000 文	
纸	2				
饮宴歌郎游玩山水					
霞芬	30		262,000		
仆			122,000		
灯烛			8,000		
厨赏			12,000		

清季一个京官的生活

光绪九年（续）

支出项目	银（两）	番圆	钱（文）	合计	备注
车钱			116,000		
月秋			11,000		
玉仙	4				
仆			20,000		
客车			14,000		
聚宝堂			354,000		
万福居			9,000		
便宜坊			197,000		
夜宴曾君表			33,400		
陶然亭馆			9,000		
肴席			1,043,000		
茶食			32,000		
客车			75,000		
夜馆敦夫			26,000		
招霞芬佐酒			64,000		
游厂市			10,000		
慈仁寺			76,000		
圣安寺			2,000		
兴胜寺			7,000	34 两	
天宁寺			80,000	2,582,400 文	
戏曲					
听偶人戏			9,000		
笙乐			15,000		
鼓词			34,000		

光绪九年（续）

支出项目	银（两）	番圆	钱（文）	合计	备注
听曲			13,000		
女弹词			7,000		
三庆园观剧			28,000		
广德楼观剧			29,000		
影子戏			44,000		
女子弦索词			8,000	187,000 文	
庆吊					
庆贺	4		48,000	11 两	
丧吊	7		56,000	104,000 文	
赆仪					
麟芝庵（八月）	2				
林赞虞（八月）	2				
门茶					
翁叔平宅			4,000		
麟宅			2,000		
林宅			2,000		
麟芝庵（十二月）	2				
林赞虞（十二月）	2				
门茶 翁、李、麟、徐等五家			13,000	8 两 21,000 文	
岁银					
景秋坪	2				
又生日寿礼	2			4 两	
门礼			4,000	4,000 文	
家人节赏					
妻（五月）	3		50,000		
又		1			

清季一个京官的生活

光绪九年（续）

支出项目	银（两）	番圆	钱（文）	合计	备注
张甥			20,000		
席姬	1		30,000		
席姬		1			
妻（八月）		5		6 两	
席姬		3		10 番圆	
妻（十二月）	2		20,000	120,000 文	
馈赠					
玫、莹两侄	5				
陈书玉夫人		4			
次女		2			
江敬所		2			
屠子畴从侄		2			
玉仙新妇		4			
张甥南返	22				
陈汝翼弟		1			
陈氏婴		3		29 两	
族弟小圃			10,000	18 番圆	
王节妇	2			10,000 文	
犒赏					
署中					
茶房皮袄赏			4,000		
使者					
友仆			170,000	174,000 文	
还债					
潘儒初	30			30 两	
			总计	564.9 两 28 番圆 4,860,500 文	

光绪十年

支出项目	银（两）	钱（文）	合计	备注
日用				"今年米贵"。（光绪十年十月廿五日《日记》）
米（五月）		64,300		
（八月）	6			
（九月）600斤	10.78			
（十二月）618斤	11.74			
煤（二月）	3			
（五月）	14.3			
（八月）	8			
灯油（五月）	4.2			
（八月）	4.12			
香油（二月）	4.2		68.54两	
甜水（八月）	2.2		64,300文	
房租	72		72两	
衣饰				
黑貂鼠马褂一	8.2			
银色摹本缎夹袍一	12			
绸布	28			
衣贾滕文藻	14.4			
又	9.8			
夹裤	2			
发辫		34,000		
璃玉色库纱袍	7			
璃玉色江绸大裁单袍	7.86			
羊裘换表（二件）		27,000	104.86两	
衣贾	15.6		61,000文	

光绪十年（续）

支出项目	银（两）	钱（文）	合计	备注
花卉				
牡丹两本		7,000		
频婆果树		16,000		
素心蜡梅三盆		20,000	43,000 文	
家用				
干果（五月）	14.4			
（八月）	10	100,000		
（十二月）	10.4			
又	4			
酒（京兆荣记）	1.8			
东洋参	21			
邮钱		7,000		
酒肉绒线等	10			
妇人上车凳		6,000		
小皮箱、板箱		16,000		
司马厨人上工	5		76.6 两	
木漆工匠		25,000	154,000 文	
赴天津用费				三月十二日赴津凡 * 表示天津制钱，"自出国门，皆以制钱五百为千"。（光绪十年三月十七日《日记》）
舟人（赏）		2,410*		
旗灯		800*		
饭钱		2,100*		
顾升入城食宿		1,100*		
轿费		10,800*		
提灯人		1,410*		

光绪十年（续）

支出项目	银（两）	钱（文）	合计	备注
挑夫		1,800*		
役赏		2,600*		
厨役		600*		
更夫		600*		
仆		500*		
兵		450*		
又		200*		
船价	6.5			
车（两日）		25,000		
车（两日）		16,000		
舟人酒钱		1,300*		
舟中三日半饭钱		2,200*		
赵宅从人		1,000*		
门子		500*		
犒使		1,000*		
付移具足力		1,000*		
额运使者		4,000*		
李使		4,000*		
朱使		400*		
额使		1,000*		
陈使		800*		
顾升工食		2,000*		
升儿工食		1,500*		
洗衣费		200*		

清季一个京官的生活

光绪十年（续）

支出项目	银（两）	钱（文）	合计	备注
升儿工食		1,000*		
又		7,660*		
顾升工食		5,000*	6.5 两	
升儿		2,000*	41,000 文	四月二十六日离津
厨人		6,000*	67,930* 文	
饮宴歌郎游玩				
霞芬	42.6	318,000		
俪秋	2			
车钱		30,000		
聚宝堂	6			
厨人	15.24			
游南溇		60,000		
陶然亭		12,000	65.84 两	
天宁寺		14,000	434,000 文	
观剧				
庆和园		28,000		
庆乐园		10,000		
家人观彩觞之剧		70,000	108,000 文	
庆吊祭祀				
庆贺	6	10,000	14.5 两	
丧吊	8.5	48,000	58,000 文	
贽敬				
林赞虞	2		2 两	
门茶		4,000	4,000 文	

光绪十年（续）

支出项目	银（两）	钱（文）	合计	备注
寄家中				
妻弟妹等	80		80 两	
馈赠	10	50,000	10 两 50,000 文	
节岁赏				
家人	35		35 两	
仆媪（五月）		126,000	126,000 文	
压岁钱				
妻	12			
姬	6		23.3 两	
仆媪	5.3	100,000	100,000 文	
还债				
吴介唐		28,000	80.7 两	
潘敦夫	80.7		28,000 文	
借出				
陈书玉夫人（京平）	53			
刘仙洲夫人（京平）	50		103 两	
书籍文具			87.89 两	
书	81.89			
松竹斋纸	6	95,260	95,260 文	
		总计	830.73 两 1,366,560 文 67,930 文（制钱）	

　　　　清季一个京官的生活

光绪十一年

支出项目	银（两）	钱（文）	合计	备注
日用				
米	46			
煤	24.5			
灯油	5			
香油	7.4			
房租	72			
家用	19.5		174.4 两	
衣饰添置				
绣球		2,000		
翠玉朝珠佛头一副	6.2			
丝串朝珠及抚垂珠石等		11,000		
绸布	10			
珠花	11			
珠翠		300,000	28.2 两	
青云钩茶色缎履一双	1		313,000 文	
药				
药饼两枚		7,000	7,000 文	
用具购置				
灯		38,000		
朱砂一笏		20,000		
长凳一，方凳二		19,000		
踏凳一对		26,000		
书架一		20,000		
藤床一		50,000		
革箱一		22,000		
铁炉	1.8		1.8 两	
锡烛台		35,000	230,000 文	

光绪十一年（续）

支出项目	银（两）	钱（文）	合计	备注
零用				
花		33,000		
石榴花		10,000		
紫薇		11,000		
红蕉		8,000		
余杂花		13,000		
茉莉花		20,000		
秋海棠十盆		9,000		
薜荔六本		8,000		
鸡冠花、鸭脚葵等三十一本		60,000		
菊花		7,000		
蜡梅花两盆、红梅八盆		36,000		
梅花		12,000		
干果	40			
花爆		34,000		
寺僧迎奉神像香烛		20,000		
香烛杂物		19,000		
香烛爆仗		90,000		
冥供钱		25,000		
借祭器		14,000		
猪鹅银	3.2			
肉		150,000		
装潢书籍八册钱		25,000		
龙文斋刻匾额楹联	8			

清享一个京官的生活

光绪十一年（续）

支出项目	银（两）	钱（文）	合计	备注
龙文斋刻祠目	6			
寄卷箱酒钱		4,000		
天津寄卷钱		6,000		
住房修筑		180,000		
东院瓦木圬工		70,000		
修理墙屋		87,000		
付秋冬开后墙及窗户	6			
付司厨定酒席及镫褥	38			
朱林、蔡升随往天津治装钱		40,000	101.2 两 991,000 文	
书籍文具				
书籍	26	11,500	50 两	
纸	24	60,000	71,500 文	
饮宴歌郎游玩				
饮霞芬家，付霞芬酒馔	56.5	80,000		
赏霞芬仆		176,000		
车饭钱		180,000		
厨人		50,000		
饮义胜居		266,000		
福隆堂		12,000		
聚宝堂		20,000		
福庆堂酒看三席		133,500		
万福居		37,000		

光绪十一年（续）

支出项目	银（两）	钱（文）	合计	备注
福兴居	47.4			
源茂酒肆		33,000		
公饮，付厨人		108,000		
二十四厨馔钱		45,000		
厨人司马士荣酒席银	12.8			
司厨乡祠酒席	10.7			
付司厨	132	200,000		
酒饭		66,000		
游陶然亭		55,000		
游极乐寺		11,000		
游崇效寺		25,000	259.4 两	
游花之寺、崇效寺		42,000	1,539,500 文	
戏曲				
三庆园		7,000		
三庆园		30,000		
庆乐园听戏坐钱		16,000		
内子两姬诣天仙庵观剧		161,000		
中和园听戏		26,000		
广德楼听采珠部		16,000		
元和班爨演		票钱 1,200	301,000 文	
饭钱		45,000	票钱 1,200	

光绪十一年（续）

支出项目	银（两）	钱（文）	合计	备注
祭祀庆吊				
祭祀	21	94,000		
庆贺	20	72,000	75 两	
丧吊	34	88,500	254,500 文	
团拜				
付同年团拜费		8,000	8,000 文	
贽敬				
麟芝庵、林房师各致四金	8		8 两	
馈赠				
三妹	14			
孝玟侄	2			
大妹	10			
二妹	8			
僧慧	8			
诗舫	4			
刘仙洲夫人携其子妇来见予以觌银	2			
王氏妹	10			
张氏妹	8			
仲弟妇	8			
张姬寄其母	11		85 两	
周济施舍				
族人王节妇	2			
张姬施庙宇钱		160,000		
席姬施钱		40,000		
玉皇庙僧钱		125,000	6 两	
崇效寺僧来打月米	4		325,000 文	

光绪十一年（续）

支出项目	银（两）	钱（文）	合计	备注
车费船费轿费				
车费（十次）		91,500		
赴天津付大鞍车一辆		17,000		
小鞍车一辆		12,000		
敞车一辆		12,000		
湖广如意船（一次）	7.5		7.5 两	
轿钱（二次）		54,000	186,500 文	
犒赏				
诸仆叩岁钱（馆中）				
庖人粟二	1.2			
仆媪等	2	50,000		
厨赏		42,000		
车饭杂赏		15,000		
冯升助工银	2			
桑宅家人银	2			
朱林随朱蓉生赴湖北	4			
仆人年茶		6,000		
酒食镫乐	30			
友仆		22,000		
报喜人		2,000		
使者	6	115,000		
崇效寺佥馈频婆果一盒		8,000		
各长班（署中）		20,000		
天津走役	2			
长班买猪羊银	15		64.2 两	
先贤祠长班		20,000	300,000 文	

光绪十一年（续）

支出项目	银（两）	钱（文）	合计	备注
还债				
还潘敦夫	40			
还昔年所借	38		78 两	
		总计	938.7 两 4,527,000 文 票钱 1,200 文	

光绪十二年

支出项目	银（两） 或番圈	钱（文）	合计	备注
日用				
米	34.4			
煤	47.9	280,000		
灯油	12.95			
香油	5		163.25 两	
家用	63	120,000	400,000 文	
衣饰添置	73.9	6,000	73.9 两 6,000 文	
用具购置				
几二、椅二、杌子四	4.3			
西洋圆晶镫一对	3.6			
西洋猛火油一箱	19			
洋烛		4,000		
山水纱灯四盏	3		31.68 两	
杂色镫数事	1.78		4,000 文	

光绪十二年（续）

支出项目	银（两）或番圈	钱（文）	合计	备注
零用				
花	5.2	69,000		
干果	55.2	462,000		
糕饼	9	67,000		
花爆		125,000		
龙云斋刻字铺	5.4		224.9 两	
其他	150.1	213,000	936,000 文	
书籍文具				
书籍	20			
纸笔	6.7	176,200	66.7 两	
画册	40		176,200 文	
饮宴歌郎戏曲				
万福居	5.7	37,000		
宜胜居	4	457,000		
便宜坊	2.5	117,000		
福隆堂		50,000		
霞芬家	16	71,000		
梅云新居		15,000		
司厨	39	10,000	79.2 两	
酒食	12	80,000	837,000 文	
娱乐				
霞芬	47	40,000		
霞芬仆		180,000		
梅云	6.6			
霞芬、梅云	16			
河间女弹词		8,000		

光绪十二年（续）

支出项目	银（两）或番圈	钱（文）	合计	备注
镫戏钱		50,000		
傀儡戏钱		20,000		
内子及两姬人诣傅子纯家观剧坐钱		24,000		
茶点		6,000		
庆和园听四喜部坐钱		24,000		
中和园听瑞笙浙玩曲园坐钱		16,000		
与桂卿莘伯等出钱召双顺和部		500,000	69.6 两 868,000 文	
祭祀庆吊				
祭祖		206,000		
庆贺	8	8,000	24 两	
丧吊	16	202,000	416,000 文	
团拜				
文昌馆团拜公费		15,000		
诣才盛馆庚辰同年团拜	2		6 两	
庚午浙榜同年文昌馆团拜	4		15,000 文	
馈赠				
江敬所入场资	3 番圆			
致江敬所慰其落第赆以	2			
刘仙洲夫人节礼银	8			

光绪十二年（续）

支出项目	银（两）或番圈	钱（文）	合计	备注
书玉第四郎	2 番圆			
族弟代礼佛，赠以	2			
玉皇庙佥来行礼，赠以	14	10,000		
郑氏妹	10			
张氏妹	16			
王氏妹	8			
僧慧	8			
冰玉姑	4			
颖唐	4			
族叔允升	8			
钱藩卿	2			
治舞臣师母礼		4,000		
门礼	4		94 两	
陈夫人	4		5 番圆	
孝玟侄			14,000 文	
周济				
乡人卢某	2		2 两	
交通				
车费		421,500	421,500 文	
犒赏				
刘仆（馆中）		2,000		
鲍仆		2,000		
馆仆		1,000		
旧仆李升		2,000		

光绪十二年（续）

支出项目	银（两）或番圈	钱（文）	合计	备注
厨人司马士荣	26	18,000		
家人仆媪		80,000		
更夫羊裘		26,000		
制布裹钱		18,000		
朱林，崔媪往天津接冰玉姑	2	4,000		
仆媪等叩岁		74,000		
司厨叩岁		4,000		
旧绉人黄四叩岁，赏以		票钱 6,000		
诸仆媪叩季弟灵床及门钱		40,000		
徐厨		20,000		
仆		8,000		
内厨仆		12,000		
鼓乐赏		30,000		
看帽儿戏赏钱		6,000		
寺坐钱		8,000		
茶房		4,000		
厨赏		12,000		
友仆	8	2,000	36 两	
使者		181,000	557,000 文	
越祠长班叩岁（署中）		3,000	票钱 6,000	
借出				
钱藩卿	20		20 两	

光绪十二年（续）

支出项目	银（两）或番圈	钱（文）	合计	备注
馈赠				
致马蔚林送卷费银	32.2			
致马蔚林绍属公车卷费银	106		138.2 两	
		总计	1,029.43 两	
			4,650,700 文	
			票钱 6,000 文	

光绪十三年

支出项目	银（两）	钱（文）	合计	备注
日用				
米	70			
煤	37			
香油	22.3			
甜水	3.5	32,000		
房租	72		244.3 两	
家用	39.5	12,000	44,000 文	
衣饰添置	484.9	18,000	484.9 两	
			18,000 文	
药				
参	29.5			
药	5.2		34.7 两	
关庙尼医钱		10,000	10,000 文	
用具购置				
镫				
白地人物套料瓷壶一枚	4	50,000	5.6 两	
八人方桌一	1.6		50,000 文	

清季一个京官的生活

光绪十三年（续）

支出项目	银（两）	钱（文）	合计	备注
零用				
花				
花爆	3.3	38,000		
干果		60,000		
糕饼面食	79.1			
买吕宋粟本银	6.4			
外院内屏坏，更易之木	4.2	21,000		
修制水烟筒轮郭	40			
天津寄卷箱钱		15,000		
莲蓬五把		10,000		
裱粘厅事东室及卧室窗槛厨房		4,000		
		74,000		
润笔	1			
仙吕祠制匾一		14,000	134 两	
付主祠者		4,000	240,000 文	
书籍纸等				
书籍	190	11,000		
纸	27.5	534,000	217.5 两	
《缙绅录》		5,000	550,000 文	
仆媪工钱				
王升		8,000		
王成		10,000	18,000 文	
饮宴				
宜胜居	12.5	72,500		
万福居	5.2	70,000		
宜胜居、万福居	5			

光绪十三年（续）

支出项目	银（两）	钱（文）	合计	备注
便宜坊	11.3	24,000		
庆和堂		17,000		
福隆堂		88,000		
广和堂	2			
轩翠舫		14,000		
霞芬家	20	39,000		
司厨	42	27,000	114.9 两	
肴馔	16.9	102,000	453,500 文	
娱乐				
霞芬	44			
仆		40,000		
梅云	8			
素云		40,000		
戏园坐钱		24,000		
庆和园楼坐钱		16,000	52 两	
茶钱		1,000	121,000 文	
祭祀庆吊				
祭祖	1			
庆贺	8	57,000	61.2 两	
丧吊	52.2	109,000	166,000 文	
团拜				
庚辰同年团拜分资	1.2			
公钱仲凡	3		4.2 两	
赆敬				
送景师母年敬	9			

清享一个京官的生活

光绪十三年（续）

支出项目	银（两）	钱（文）	合计	备注
徐荫轩师节敬	9			
翁大司农师节敬	9			
麟大司寇师	9			
门礼		6,000		
诣房师林赞虞贺岁，年敬	8		46 两	
诣房师徐荫轩贺岁，年敬	2		6,000 文	
馈赠				
梅云	6			
孝侄赴满城县幕	7			
书玉夫人节银	9			
书玉夫人生日	2			
三妹	20			
僧慧	14			
张沔甥	6			
大妹	8			
二妹	8			
诗舫	6			
楚材	6			
资福庵	9			
隐修庵	9			
张姬之娣	6		116 两	
冰玉生日，予以钱		10,000	10,000 文	
周济				
钱藩卿	5		5 两	

光绪十三年（续）

支出项目	银（两）	钱（文）	合计	备注
车钱	10	292,000	10 两 292,000 文	
犒赏				
厨（馆中）				
家人叩节	23.4	59,000		
出游，付守者		98,000		
裱粘厅事东室及卧室窗槛厨房		82,000		
赏车脚		4,000		
赏儋人		4,000		
祭筵鼓吹人		4,000		
丰台李佣（花匠）		16,000		
崇效寺僧	6	4,000		
崇效寺僧	2			
玉皇庙僧	2	9,000		
崇效寺两日坐钱		24,000		
茶灶钱		12,000		
厨赏钱		24,000		
灶砖钱		7,000		
友仆		52,000		
使者	8	131,000		
报事人（署中）		11,000		
朝房各苏拉		6,000		
江南司书吏		8,000		
茶房		4,000		
皂隶等五人		6,000	41.4 两	
陕西司茶房		4,000	569,000 文	

光绪十三年（续）

支出项目	银（两）	钱（文）	合计	备注
买妾王氏	180		180 两	
缴户部	4	16,000	4 两	
			16,000 文	
		总计	1,755.7 两	
			2,545,500 文	

光绪十四年

支出项目	银（两）	钱（文）	合计	备注
日用				
米	31			
煤	27			
香油	8.56		66.56 两	
房租	72		72 两	
衣饰				
衣贾滕文藻	12.15			
隆兴厚绸布	42			
又	35			
滕文藻	3.55			
首饰	5			
狐袍一领	12			
红呢炕枕、枕垫		42,000	112.4 两	
缎鞋一双	2.7		42,000 文	
花卉				
卖花媪	11			
又	3.5			

光绪十四年（续）

支出项目	银（两）	钱（文）	合计	备注
种花人		6,000		
紫薇一棵		10,000	14.5 两	
菊花（六十盆）		16,000	32,000 文	
家用				
干果	9.5			
又	11.15		20.65 两	
零用				
果饵		14,000		
花炮："茶楼灯剧"一座	4.5			
"铁树花"一盆	2			
大八角灯爆三盘、大花筒八枚	2.5			
寄王先谦文书		6,000		
车檐帏帐	5.8			
树棚	14			
发电报至家	2.175		30.975 两	
植柳		6,000	26,000 文	
书籍文具				
书籍	162.3			
纸	21		183.3 两	
仆媪工资				
王升		96,000		每月 8,000
升儿		96,000		每月 8,000
门仆曾升		60,000	252,000 文	每月 5,000

清季一个京官的生活

光绪十四年（续）

支出项目	银（两）	钱（文）	合计	备注
饮宴歌郎戏曲				
饮宴				
福隆堂	6.5	104,000		
宜胜居		13,000		
安徽馆		17,200		
付司厨	84.2			
歌郎				
霞芬	12	42,000		
仆	6	20,000	108.7 两	
戏曲		12,000	208,200 文	
交通		81,500	55.5 两	
	55.5	10,000	91,500 文	
馈赠	146			
	23.2		169.2 两	
犒赏	15	206,000	15 两	
			206,000 文	
庆吊祭祀				
庆贺	14.45			
丧吊	36		50.45 两	
考试费用（考差）		3,000	3,000 文	
妻死丧事费	268.5	167,000	268.5 两	
			167,000 文	
		总计	1,167.735 两	
			1,027,700 文	

光绪十五年（正月至七月）

支出项目	银（两）	钱（文）	合计	备注
日用				本年七月以后日
米	25			记不传
煤		220,000		
香油	6		34.73 两	
面食	3.73		220,000 文	
房租	42		42 两	
仆媪工资				
曹升				每月 11,000
王升				每月 10,000
王福				每月 10,000
厨夫				每月 7,000
车夫				每月 9,000
更夫				每月 9,000
升儿				每月 9,000
杨媪				每月 10,000
刘媪				每月 10,000
孙媪				每月 10,000
饮宴			15 两	
宜胜居	15	11,000	11,000 文	
庆吊斋祭				
庆贺		6,000		
赙（林御史）	6	8,000		
亡妻殡费，斋席	42	13,000	54 两	
诵经	6	55,000	82,000 文	

光绪十五年（正月至七月）（续）

支出项目	银（两）	钱（文）	合计	备注
馆师				
束脩（王星垣）	16			五、六两月
束脩（杨宁斋）	6			
聘金	2		24 两	
迎馆师，车饭		24,000	24,000 文	
购山地	100		100 两	
家用				
羊角六尺圆灯				（两对）
玻璃担灯	19.6		19.6 两	（三对）
书籍				
书	48		48 两	
歌郎	4		4 两	
		10,000	10,000 文	
馈赠				
房师节敬寿礼				
麟芝庵	2			
许筠庵	2			
又寿屏	6			
翁叔平	4		14 两	
照相	6		6 两	
		总计	361.33 两	
			347,000 文	

第三章　京官与外官

　　京官的生活主要依赖印结银及馈赠[1]，上文业已述及。这种情形说明了京官外官的勾结关系。现在我们再进一步分析外官用以馈赠京官的资财是怎样取之于人民的。

　　地方官从人民身上敛取资财，可分平时及灾患时期两方面。在没有战事、没有自然灾害时期，其敛财之道不外假手刑名钱谷。词讼、刑狱是重要的生财之道。地方官、幕友、书吏、胥役和乡绅勾结成为一个体系，而讼者双方成了被榨取的对象。"以家道之厚薄为银数之增减。身家重而民命轻；苟且急而公事缓。积习皆然，几于各省一辙。"[2]"词讼之累民最甚。而各案之原告，牵连之人证，及户婚田土无关罪名之诉讼，其无辜受累更为可悯。"[3]同光年间个别廉吏的治绩，反证多数地方官之以词讼刑狱为敛财之方。[4] 至于从征收钱粮方面勒索苛取更有种种借口：银钱比价的折合，平余的加征，漕粮的收本色与折色，外加其他种种名目，由胥役到官吏层层过程"无不沾润"。以北方情形来说[5]，山东有的地方每两征收至七八两。山西若干地方每两征收四五两，尾数如为一厘，征收则以一钱二分计。甘肃情形亦是"浮收过倍（正额）"，江南一带漕粮征收浮冒更重。江苏折色有的地方每石折钱七八千文。浙江则本色每石折钱四千五百文，倍于市价：市价每两合钱一千六百文，但征银一两，须交二千一百文。湖北，本色每石浮收五六斗至七八斗，"或加倍收，竟有多至三石零者"。折色，每石收钱由五六千至十八九千。江西折色每两折钱二千六百八十文外，再加其他名目苛派，超出正额数倍以上。安徽每正额一两，折钱征收，合银五两。四川更为苛虐，"合计正杂各费，丁银一两，完纳将近十两"。人民须先缴杂项，"然后许完正赋。杂费不完，串票不得。无串票则官治以抗粮之罪。其术亦巧而毒矣"[6]。贵州是最贫困的省份，征粮时，正银一两收至十两以外。粮户已死，其粮额由他户缴付，是谓"架粮"。[7] 此外各省更有所谓官价购物的惯例，"东南数省文武大小衙署有逐日出市购物，仅给半价，或价不及半，谓之官价。比闻各省均有此风。而直隶、河南各府州县，有官价者尤多。积弊相沿，由来已久"[8]。

地方官之利用各种机会，加征勒取，其积习之深，各地皆然，只是程度上有所不同。官吏用敛得的资财，孝敬上司，以图保位，以求升擢。如广东情形[9]："自将军以至道、府，应送规礼七分。以每年节、寿合计，应送规礼三十五分。每项一分，如金、玉、珠宝、绣缎、钟表之类，价值七八千金。门包数百金。虽厚薄不能强同，大概以尊卑为等级。而暗昧之苞苴尚不在此数。"这种情形在其他省名目不同，实情则一。"各省名目不一或名节、寿、到任礼，或名季规，或名薪水，或名帮费。臬司及道、府无不仰给于此。卑职州、县则多送见好，求胜前人。贪横大吏额外诛求。"取得民财以后，外官就可以用为升官的本钱。因之"上官取之州县，州县取之百姓。上下相蒙，诛求无厌"[10]。

地方官之浮冒苛征，虽然在咸同年间胡林翼在湖北整顿核减，"刊碑勒石"以期行之久远，曾国藩在两江，沈葆桢在江西，左宗棠在浙江、福建大力整顿，但人去政亡，不若干年，"地方官日久生玩，夙弊潜滋"[11]。旧陋规去掉了，新的又产生。"若惩陋规之弊，改为定额，异日又将以定额为固有而增加陋规。"循环不已，人民负担依然不能减轻。因此太平军、捻军平定以后，"二十年来，元气未复"，社会上"富者变为贫，贫者转为极贫"。[12]

官吏敛得资财之后，即可营谋升擢，"贪吏剥取民财，加捐班次，且超越捐升。官声不问优劣，有钱即可自升"[13]。

以上所说是在平时的一般情形。由同治以来至光绪二十年（1894），三十余年中，人民所受的自然灾害，各地虽轻重不同，对于官吏却成了"吃灾""吃荒"的机会。先说旱灾。[14]同光年间，除了光绪七年、十年、十二年、十四年、十五年以外，其余各年都有旱灾奏报。其中尤以同治六年，光绪二年至五年华北各省灾情最为严重。光绪初年的旱灾，受灾地域之广，华北各省几无一幸免。顺天、直隶有六十三州县，河南有七十五州县，山东有六十三州县，山西有八十四州县，陕西、甘肃受灾区域亦广。直隶各州县"旱蝗相乘，灾区甚广，人民春间犹采苜蓿、榆叶、榆皮为食。继食槐柳叶，继食谷秕、糠屑、燕麦。大率一村十家，其经年不见谷食者十室而五。流亡转徙者，十室而三。逃亡乞丐，充塞运河官道之傍，倒毙满路"[15]。这种情形比起直隶、顺天，还算略胜一筹。河南、山西、陕西情形则更是"凄惨无比"。

闻山西、河南自去冬，已人相食。山西一人仅易钱一百四十。罗嘉福被檄往襄赈务，行至中途，其子忽不见。迹之已为人所食矣。黄贻楫襄赈河南，偶出行潜访利弊，即被拴；解衣将剥，黄力自白，且出所怀文券，久之始得释。近日河间亦已食人。且闻陕西商州，河南邓州，俱已民变陷贼。潼商道谢贤卿被戕。陕西急奏以前月十七日至，河南以二十三日至。[16]

饥民到了人相食的惨况，而地方官借以为浑水摸鱼，乘灾舞弊的机会。地方官有的有灾不报，有的谎报，有的以轻报重，以少报多。[17]甚至将奏准免征之项，仍减价折收；奏准缓征之地，仍蒙蔽催交；[18]扣压赈粮，转运发卖，[19]赈粮不能到灾民之手。最可骇异的是借劝赈捐而发灾民财。姚宝勋在上海劝办晋、豫赈捐，"借差招摇，并纳娼为妾，及广置房产，赁作妓寮，收取利息"[20]。

同光年间水灾的情形亦有几次甚为严重。其中以光绪九年最为惨重，"两月以来，安徽、江西、浙江被灾甚重。其余如江苏、山东、湖北、四川、福建、陕西等省均有被灾之处"[21]。左宗棠奏报："今年水患半天下。清江为南北水路通衢，灾民纷纷南下。每日扶老携幼，不绝于途。"[22]可是水灾对于官吏，正同旱灾时情形一样，是"吃灾"吞赈的好机会。虽有明文免征、缓征，"不肖州县，得以借端取巧。报勘后并不停征，且尽力严追，酷于平日，转以为利。已完之款捏作民欠，应豁之额仍复重征"[23]。

灾区的人民不但受地方官"吃灾"吞赈之苦，过境的钦差大臣也不放过苛派的机会。光绪五年钦差大臣恩承、童华赴川查案，经过山、陕灾区，"每处酒席，门包及各项支应，一日之费，官供民派，需银数百两"[24]。

地方官吏在民间搜刮所得，有的置产谋利，有的将银两寄存银号钱庄生息。胡光墉所开的阜康银号，内中有不少地方

清季一个京官的生活

官、京官的资金。像广东一个知府冯本端，"赤贫起家，陡致巨富"。既在北京买宅子，又在京城、涿州、河南、广东等处"寄顿银票"[25]，这些都不是偶然、特殊的例子。

地方官敛得资财之后，为求保位，为求升迁到更好的肥缺，遂以馈赠为活动的手段。外官到了京城，京官即假各种关系联络、饮宴，想得到馈赠。馈赠在官员间虽为变相的贿赂，但授受两方却不认为有伤廉洁。对于最高层有权势的官员，暮夜投金，其方式又不同于一般的馈赠。光绪十九年九月樊增祥曾有一函向湖广总督张之洞密报北京的高层官吏贪污受贿的实情：[26]

> 都门近事，江河日下。枢府惟以观剧为乐。酒醴笙簧，月必数数相会。南城士大夫借一题目，即音尊召客。自枢王以下相率赴饮。长夜将半，则于筵次入朝。贿赂公行，不知纪极。投金暮夜，亦有等差。近有一人来京，馈"大圣"（孙毓汶）六百。"大圣"见面，不道谢。相王（世铎）半之，道谢，不见面。"汶长"（许庚身）二百，见面，道谢。"北池"（张之万）一百，见面，再三道谢。时人以为得法。

孙毓汶、世铎、许庚身、张之万都是当时军机大臣，权势最灼。外官对于这种大官自然不能以对一般京官之馈赠方式为之。犹之乎对于各部院的书吏一样，要用大数目来贿通门路。书吏的武器是则例，是律以外的例案，据例以求利。外官对于普通京官的馈赠，前已述及，视季节而有种种名目。岁银、节敬之外，有炭敬、冰敬。此外尚有别敬。这种馈赠在外官的活动资金中虽是小部分，然而对于京官的生活则为主要资源之一，非此不能维持京官的生活。

京官外官之勾结，是清季财政紊乱无章不可避免的现象。在内外文武官吏二万七千余员中，京官为数并不算太多。[27] 翰林院编检约二百人，科道八十人，其余各部院司官一千余人，合计一千四百余人，但是这些人官职收入的正项，既不足以维持其官式的生活，所以"大小京官莫不仰给于外官之别敬、炭敬、冰敬"。这些京官在京应酬饮宴，耗糜侈费，"妻子之赡，宫室、舆马、衣袭、仆从之需，亲戚、故旧之赒恤，官愈大则用愈多"[28]。京官取之外官，上司取之属员，成了公开事实，习于人口，恬不为怪。应酬饮宴是京官日喊贫苦之因，而应酬饮宴也是生财之道。非此不能联络外官，不能沾得馈赠。而这上千的京官大半都是冗员，即以当时体制而言，"东宫不设，安用宫属"，詹事府无实际职务，御史科道八十余人，都是"仗马寒蝉"，成了具臣。[29] 而司官多不到衙，虚挂朝籍。为了养活这一班冗员，在当时竟成了财政难题之一。外官在地方上可以勒索苛派致富，京官为了维持奢靡的生活，只有向外官乞援之一途。

如何解救京官之"穷"是当时一个大难题。光绪九年户部奏请增加京官生活津贴，建议是由各省厘金、盐课、关税的溢额余数中想办法。为了求溢额，自然得多征、浮冒，增加人民的负担。政府在正项之外，以解部余额来筹划京官的生活费，连张之洞也慨然说，以清朝全国之大，"合九海关，十四大省，八盐运司道之全力"[30]，竟无力养活此一批京官，充分说明了京外官之不能不勾结一体，而外官之不能不横征滥索贪污肆行了。

○━━━━━━○
○ 注　释
○

1　有少数京官没有印结银的分沾。《请加翰詹科道津贴片》(《张文襄公全集·奏议七》)，光绪九年十一月十七日："部曹尚有养廉、饭银、印结费，而翰、詹无之。"京官中翰林院及詹事府的官员不能领印结费，人数只二百余人，是一种例外。

2　《光绪东华录》，光绪七年一月辛巳，楼誉普奏："浙江仙居县，有私设班馆，羁押多人，名为听审所……以家道之厚薄为钱数之增减。稍不满欲，即施以恶刑多端。……一县如此，恐他县亦在所不免。浙省如此，恐他省亦在所不免。……请通诏各省督抚，严查禁革。"

又同书，光绪八年六月庚申，通政使司副使张绪楷奏："贪墨严酷之徒，久不知抚字为何事。而为大吏者，耳濡目染，方且以武健为干员，以刻苛为能吏。……一切审讯案件，创立非刑。……二百余年又时以水、旱偏灾，动关宸听。岂容此残酷之吏朘削民生？"又见同书，光绪六年八月甲辰李瑛奏。

3 《皇朝经世文续编》卷八十七《刑政四》：毕道远、周家楣《建设候质公所拟请按提经费疏》，光绪八年；陈彝《条陈办案积弊疏》，光绪元年。

4 《清史稿·丁日昌传》，同书《李用清传》，同书《张楷传》《王仁堪传》。

5 李文治：《中国近代农业史资料》第一辑（1840—1911），第三章第一节《农民对地丁银的实际负担》一表中所列光绪四年（1878）山西孝义县，"银一厘折交额为银一百二十厘，似农民所缴实数为正额之一百二十倍"。此点显系误会，因据朱采《清芬阁集》卷九《禀抚藩所陈》，此系指粮民缴税，遇有尾数时，官吏折算的办法是"见厘成分"，并非全额都照此率折交。

6 《附陈蜀民困苦情形片》光绪五年五月十一日，《重案定拟未协折》光绪五年五月十一日，见《张文襄公全集·奏议一》。

7 《光绪东华录》光绪九年十一月己未，熊景钊奏："地丁钱粮，一律苛征，于是架粮之弊起矣。架粮者，如额偏征，甲死则责偿于乙，东荒则责成于西，架粮之弊，与加粮等。"

8　同上，光绪九年二月甲戌，鲁琪光奏《官价病民请饬裁免折》。

9　同上，光绪六年七月丙戌，周德润奏。

10　同上，光绪四年七月壬子，黄体芳奏。

11　《越缦堂日记》同治八年四月七日；《光绪东华录》光绪元年六月戊辰，陈彝奏。

12　《光绪东华录》光绪八年五月甲午，左宗棠奏。

13　同上，光绪元年十一月甲午，御史梅启照奏。

14　李文治：《中国农业史资料》第一辑第七章。

15　《畿辅旱灾请速筹荒政折》光绪五年七月八日，见《张文襄公全集·奏议一》。

16　《越缦堂日记》光绪四年三月二日。

17　《光绪东华录》光绪三年十一月丙子，御史张渊奏；光绪三年十一月己未，李嘉乐奏。

18　同上，光绪十年闰五月丙辰，户部奏。

19　同上，光绪五年二月乙酉，阎敬铭奏。

20　同上，光绪八年十月丁巳，右庶子张佩纶奏《参山西候补道姚宝勋在上海劝办晋豫赈捐，牟利营私恣睢佻达折》。

《越缦堂日记》光绪六年三月廿八日："姚宝勋为嘉兴望族，以赀得户部郎中，擢道员加二品衔。"

21　李文治:《中国农业史资料》,《长江流域六省历年灾荒表》,第720—722页。

22　《光绪东华录》光绪九年十月癸亥,左宗棠奏。《越缦堂日记》光绪九年九月廿三日。

23　《光绪东华录》光绪十年闰五月丙辰,御史程鼎菜片。

24　同上,光绪五年五月壬寅,阎敬铭奏。

25　邓承修《语冰阁奏议》卷五,《请罚捐巨款以济要需疏》光绪九年十一月十八日,《论大臣贪污溺职片》同上月日,《特参粤藩贪劣疏》光绪十一年六月十日,《特参知府招权纳贿疏》光绪五年五月六日。

26　黄濬:《花随人圣庵摭忆》,第246—250页,樊增祥致张之洞原函为戴亮集氏所购藏,戴乃词人郑文焯之婿。

27　《钦定大清会典》(光绪戊申十一月商务印书馆印本)卷二至卷五。

28　《皇朝经世文续编》卷十六,《吏政一·冯桂芬厚养廉议》。

29　同上,卷十八,《吏政三·冯桂芬汰冗员议》。

30　《张文襄公全集·奏议七》,《筹议京员津贴折》光绪九年十一月十七日。

表七　李慈铭历年官职收入与馈赠收入的比较

年代	官职收入（两）	馈赠收入（两）	每年收入总数（两）[1]	备注
1863（同治二年）	153.85	158	590	是年分发户部学习行走
1864	266	42.5	468.56	
1865	123.5	103.97	476.2	
1866		118	264.4	同治五年至九年底在乡
1867		159.94	489	
1868		53.9	140.7	
1869		38.95	223.45	
1870		103.76	488.24	
1871	139.16	153.7	555.3	
1872	188.25	247.12	537.2	
1873	199.57	245	502.5	同治十年回京重入户部学习行走报满，是年起论资叙补
1874	175.9	158	384.9	
1875（光绪元年）	168.56	174	443.6	
1876	215.7	253.12	473.1	
1877	180.79	323.12	767.9	
1878	158.2	186.24	491.4	中进士，领五品半俸（五品郎中即用）
1879	411.36	347	800	
1880	350.9	402	996.8	
1881	232.7	342	746.7	是年秋季起主讲天津北学海堂，在户部告假
1882	194.8	609	868.5	
1883	334.95	356.72	970.6	
1884	78.7	250	1433.7	
1885	182.2	452	1771.2	销假。是年开始支五品全俸，实授五品郎中
1886	119.8	298	1666.8	
1887	472.6	366	1666.7	
1888	322	124	1634.6	
1889	18+	116+	379.99+	记录不全

　　* 本表所有数字皆根据《越缦堂日记》记录，详见本书第二章《李慈铭为京官时期每年收入表》。

　　1 总收入包括官职、馈赠以外之束脩、润金等。

第四章

结论

京官是士大夫的一部分，是整个官僚体系中的一环。自某一方面言之，京官又只是做官的一个阶段。京官的最后目的是外放。京官中也有生活谨严的，更有清苦不能自给的，但就全体而论，典型的京官是靠外官胺削所得过着侈靡享受的生活。在职务方面，他们虽为官员，但无所事事，甚至很少入曹应卯。李慈铭在户部二十余年，很少入衙。户部尚书阎敬铭为求整顿吏风，实行上堂点名，李慈铭斥之为有辱士人身份，上书抗议，结果名也不能点了。[1] 这些京官所忙的是应酬。在李慈铭留下的十五年生活费用账目中，吉庆丧吊，朋僚饮宴的费用，占很重要的比例。[2] 一般官员"争事冶游，风气颓靡。其酒肉贵游，风尘热吏，皆改趋北里，恣狎淫倡，挥霍之余，偶亦波及。而冷官朝隐，举子计偕，往往托兴春游，陶情夏课。酒垆时集，灯宴无虚，如江夏彭侍郎之视学江左，岁以千金寄黎艳侬，丹徒杨大理得视学安徽之命，即遍征歌郎，厚分囊橐，而四川方臬使，江西李学政，去年述职至都，皆彻夜笙歌，挥霍巨万。太和张京兆莅治神都，亦复轻赏时出"[3]。这一般京官除了沉醉于歌郎外，更嗜戏剧若迷。皮黄之外，又喜梆子腔。"都中有梆子腔，惟奥隶贾竖听之。一二年来，诸邸有好之者，士大夫遂相率盛行。其价顿贵数倍。衣冠宴会，非此不欢"[4]。李慈铭同治十一年（1872）除夕有寄张孝仲（锡中），史宝卿（慈济）诗，可为一般京官之写照：[5]

> 文章学俳优，师友供狎玩。淫声益侏离，大义日破散。
>
> 入耽博弈戏，出逐鸡狗伴。置身或庙堂，遇事同盍旦。
>
> 钤尾听吏胥，俯首刮几案。谬种束一辙，驯致酿大乱。

光绪三年（1877）华北大旱之时，山西省灾民一条人命值钱一百四十文，连一头牛的价格都不如，一头牛尚可售价十四两。都城以内的京官浑然不觉，争赏"软舞"，伶人一阵风、十三旦风靡士林。[6]其上焉者则于饮宴娱乐之余，研究古典文物，鉴别金石，搜购碑帖，最多也不过明古。而大多的人既不明古，复昧于今。这般人的生活寄托于传统的社会基础之上，自然要反对革新，反对洋务。他们反对轮船铁路[7]，反对办银行[8]，反对使外人员[9]，但是喜用洋物，身怀洋表，穿着羽呢、洋布，盛赞洋布之好[10]，有的吸食洋药[11]。这种情形诚如郭嵩焘所说：

> 中国士大夫甘心陷溺，恬不为怪。钟表、玩具，家家有之。呢绒、洋布之属遍及穷荒僻壤。……一闻修铁路、电报，痛心疾首，群起阻难。至有以见洋人机器为公愤者。[12]

这是京官享受主义的表现。他们追求享受是无底止的。李慈铭虽然以月租八两，住着保安寺街巨宅，但仍希冀更高的享受。他看到了什刹海一座楼房，"晶窗华敞"，是荣禄每月以六十两租居的房子。他说："安得俸钱过十万，移家其间耶！"[13]

同光年间，西方资本主义势力已由五口而遍及沿海，溯江而上，深侵中国腹地，中国老百姓在外来的经济侵略之下，更显天灾频仍。地方官吏之重重剥削，民不聊生，而这些京官则在北京城圈以内，自成一个饮宴欢娱、歌舞升平的世界，别有天地，在广大的贫困社会中，过着孤岛般的侈靡生活，完全脱离了现实，在浊流中自称"清流"，在腐化的生活圈子里打滚。遍地灾黎，他们则饱暖邪逸，而无所事事。李慈铭的自我批评十分中肯："我生平无一长，亦无一事有益于人。"[14]"我辈无事坐食，实国家之一蠹！"[15]这种民蠹阶层，是没有理由不被历史进步的浪涛所冲洗的。

注　释

1　平步青：《掌山西道监察御史督理街道李慈铭传》。

2　参看本书第二章所附各表。

3　《越缦堂日记》光绪三年四月七日。

4　同上书，同治十二年二月一日。

5　同上书，同治十二年十二月三十日。

6　同上书，光绪三年十月九日。

7　同上书，光绪十三年五月三日、光绪十三年四月十七日。

8　同上书，光绪十三年八月十九日。

9　同上书，光绪十三年闰正月二十四日。

10　同上书，同治三年三月七日。

11　李慈铭数次试用洋药，见上引书，同治三年十月十四日，同治三年十一月十九日，同治四年二月七日。

12　郭嵩焘：《养知书屋遗集·文集》卷十一，《伦敦致李伯相书》。

13　《越缦堂日记》光绪十三年六月六日。

14　同上书，光绪五年十一月二十三日。

15　同上书，光绪六年十月十日。

附

录

一　有关银钱比价的资料

1. 银钱比值的变动 *

咸丰元年至光绪十五年

年代	日月	地点	银钱比值	番洋与钱比价	备注
咸丰元年 三年	19/12		1＝2,000（市价）		曾国藩《平银价疏》咸元十二月十九日
		会稽		1＝1,900	《越缦堂日记补》丁集，第6页
	16/2	北京	1＝制钱 2,100/2,200 ＝制钱 1,600/700 ＝制钱 1,000+		御史陈庆镛奏，见《中国近代货币史资料》（以下简称《资料》）第一辑上册，第 342—343 页

清季一个京官的生活

咸丰元年至光绪十五年（续）

年代	日月	地点	银钱比值	番洋与钱比价	备注
三年	15/2	北京	1＝大钱 2,000+ ＝大钱 1,800+ ＝大钱 900（日减）		黄辅辰《戴经堂日记》，同上书，第346—349 页
	20/11	北京	1＝制钱 2,000（官定） ＝制钱 2,400/2,500		左庶子钟璐奏，同上书，第211—212 页
	17/9	北京	钞银 1 两＝官钱店大钱 2,000 市价 1 两＝2,500		黄辅辰，《资料》第一辑上册，第349 页
四年	27/8	北京	1＝30,000（票钱）		陕西巡抚王庆云《议请用黄金红铜与银并同疏》，同上书，第182—185 页
	16/1	北京	1＝4,000 大钱及制钱配合搭用 1＝2,750 制钱		户部尚书张瑞珍奏，同上书，第218 页
	15/7	北京	1＝2,750 制钱		通政使李道生奏，同上书，第268 页
	4/11	马兰镇	1＝1,000 制钱		马兰镇总兵庆锡奏，同上书，第272—273 页
六年	10/11	北京	1 ＝京钱 6,500+ （钱铺私票）＝大钱 7,500+＝现钱 1,300/1,400		御史李培祐折，同上书，第278 页
	12/9	会稽		1＝1,735	《越缦堂日记补》丙集上，第86 页

咸丰元年至光绪十五年（续）

年代	日月	地点	银钱比值	番洋与钱比价	备注
七年	12/1	北京	商贾拒用铁钱，米店罢市		给事中张修育奏，《资料》第一辑上册，第279页
	16/1	北京	票钱1,000＝制钱500/600＝铜大钱1,100/1,200＝铁大钱1,500/1,100		御史保恒奏，同上书，第579—581页
八年	16/4	北京	制钱1,000＝铜大钱1,200/1,300		御史征麟折，《资料》第一辑上册，第298页
	29/9	北京	1＝京钱12,000+		御史忻淳折，同上书，第298—299页
	20/9	会稽		1＝1,209	《越缦堂日记补》戊集上，第67页
九年	28/3	北京	票钱1,000＝制钱200 "物价皆按制钱折算"		御史鄂堃奏，《资料》第一辑上册，第301页
	19/4	北京	1＝京钱17,000+		署刑部右侍郎袁希祖奏，同上书，第301页
十年	17/6	北京	1＝票钱38,000		《翁文恭公日记》咸丰十年六月十七日
十一年	8/6	北京	1＝铁钱28,000+		《越缦堂日记补》辛集上，第67页
			票钱1,100＝制钱62文 当十大钱1＝制钱2文＝铁钱20文		

清季一个京官的生活

咸丰元年至光绪十五年（续）

年代	日月	地点	银钱比值	番洋与钱比价	备注
十一年	12/6	北京	1＝票钱 30,000		同上书，第 70 页
			票钱 1,000＝制钱 12 文		同上书，第 71 页
	20/6	北京	1＝票钱 27,000		同上书，第 79 页
			票钱 1,000＝制钱 58 文		
	24/6	北京	1＝票钱 60,000（早）＝票钱 26,000（跌）		同上书，第 80 页
			票钱 1,000＝制钱 600 文		
	9/7	北京	1＝私号票钱 13,000		同上书，第 91 页
			私号票钱 1,000＝制钱 100 文		
			1＝官号票钱 45,000		
			官号票钱＝制钱 10/20/30		
	26/7	北京	1＝票钱 20,000＝大钱票 9,000 "日减 100"		《翁文恭公日记》咸丰十一年七月二十六日
	24/8	北京	1＝现钱 6,000/7,000		国子监司业马寿金奏，咸丰十一年八月二十四日，《资料》第一辑上册，第 479 页
同治元年	18/7	北京	1＝20,000/30,000		胡广总督官文奏，《资料》第一辑下册，第 511—512 页
二年	22/12	北京	1＝11,168		《孟学斋日记》，甲集首集下，第 92 页

咸丰元年至光绪十五年（续）

年代	日月	地点	银钱比值	番洋与钱比价	备注
三年	26/10	杭州	1＝1,333.3		《左文襄公奏稿》卷十一，同治三年十月二十六日
		福州		1＝1,011+	同上
四年	6/10	北京	1＝12,000		钟大焜《批请改铸轻钱议》，《资料》第一辑下册，第559—561页
六年		会稽		1＝银0.715	《孟学斋日记》乙集下，第3页
七年	14/闰4	江宁	1＝1,670+		《曾文正公奏疏·奏稿》卷二十六，同治七年闰四月十四日
八年	19/11	直隶	1＝1,800		同上书，卷二十八，同治八年十一月十九日
十一年	30/12	北京	1＝10,440		《桃花圣解盦日记》癸集，第9页
十三年	5/4	北京	1＝12,659		同上书，壬集，第64页
	13/11	北京	1＝12,500		同上书，癸集，第85页
	1/12	北京	"钱铺后开市"		同上书，甲二集，第1页
光绪元年	10/9	北京	1＝10,000		《桃花圣解盦日记》乙集，第67页
三年	9/10	北京	1＝17,000 松江银 1＝16,500		同上书，庚集中，第54页

咸丰元年至光绪十五年（续）

年代	日月	地点	银钱比值	番洋与钱比价	备注
四年	4/5	北京		1两＝番洋1.45	同上书，第10页
	13/5	北京	1＝22,000 票钱		同上书，第16页
	15/5	北京	1＝15,000/16,000 票钱		同上
	21/5	北京	1＝12,000 票钱		同上书，第19页
八年	10/1	北京	"京钱45,000几3两"		
			1＝15,000		
十一年	14/11	北京	1＝14,500 票钱		《荀学斋日记》庚集下，第69页
			松江银 1＝14,300		
			1＝16,500 现钱		
十二年	4/1	北京	1＝12,000 票钱		同上书，第91—92页
			1＝17,000 现钱		
	12/3	北京	1＝13,200（最低可换）		同上书，辛集下，第22页
	18/3	北京	1＝13,023		同上书，第24页
十三年	25/3	北京	1＝10,000 票钱		同上书，第93页
十四年	13/2	北京	1＝12,000		光绪十四年二月十三日《申报》,《资料》第一辑下册，第538—539页
	12/11	北京	1＝11,000 票钱 京钱17,000		《荀学斋日记》癸集上，第71页

咸丰元年至光绪十五年（续）

年代	日月	地点	银钱比值	番洋与钱比价	备注
十五年	2/10	北京	1＝制钱2,600		恩景奏，光绪十五年十月二日，《资料》第一辑下册，第540页

　　* 彭信威：《中国货币史》第八章"清代的货币"，第831页《清代制钱市价表（二）》，第843页表三所列白银一两合制钱数，咸丰三年至十三年，照其注9（第840页）解释："除了注明京钱的数字外，都是指大制钱。清末京钱只是一种价格标准，支付时用普通制钱。京钱二文合制钱一文。"颇与事实不符：一、京钱折合制钱，商人照铜价折算，各年各月数字不同。二、北京所用之钱，大钱、票钱、铁钱甚为混乱，非全用大制钱。同治元年至光绪年间（表三）系根据梁启超《各省滥铸铜元小史》（《饮冰室文集》卷二十一）银钱比价系由海关统计数字折算而得，与北京银钱比价情形不合。《慧因室杂缀》（不著作者姓名，《满清野史五编》）载：

　　　　咸丰四年，其时盗铸钞钱之案蜂起，严刑不能禁……先后奏请废止（大钱、铁钱、铅钱），惟留铜钱当十一种，令论大钱与制钱并行，而京城乃不用制钱。出城数十里又复不用大钱。……至光绪十四年，阎敬铭为户部尚书，请废当十，仍用制钱。遂奉旨以三年为期，所有交官之项，以制钱出，以大钱入，期于三年内收尽。然大钱在市，虽当十，仅作制钱二文，相沿已久。此令既下，市肆大损。……先是咸丰初年，银一两易钱七千余。同治初易至十千。光绪初至十七千。十四年以后，渐减至十二千。二十年以后，更减至十千零。大钱渐绝，市面稍定。

2.《越缦堂日记》中有关钱银比值变动的记述（咸丰七年至光绪十三年）

咸丰七年七月二十三日

付光相寺僧洋五元，每元作钱九百九十七文，申水钱五十文（1元＝997）文。共计得钱五千二百三十五文，又付钱七百六十五文，为礼忏斋供之费。

番钱自嘉庆时入中国，其初每钱值六七百文。道光间盛行。公私出入非此不济。直亦渐长至千二三百文。至咸丰癸丑岁，以寇警骤长至千九百文。去年冬忽以次减；又多新铸及诸恶色，几壅不行。今遂只得此数。盖此物视银价为消长。自大军驻江南，以浙省为外府，税银尽以给军，而即变价易钱于浙中，内发帑银亦然。又铜钱极少，估舶多有私载铜出海及潜销毁为器物者，故大钱尤不可得。京师及闽中诸省至行铁钱，铜贵而金钱俱贱矣。钱法之乱，莫甚于此。以致商贾束手，细民不聊生。虽台臣屡有言，莫之能止。此亦足以观世变已。今日番钱复减至九百七十三文。

咸丰七年九月五日

收宝泰铺存项：元宝两锭，银五十两，计钱百六十八千四百五十文。

咸丰八年九月二十日

借得番银廿元（每 1 元＝1,200 文），合计钱二万四千文。

咸丰十一年六月八日

（陈）珊士交来京平银十两一钱，属汇寄其家。近日银价踊贵，一两至换铁钱廿八千有零；而一千文之票，仅换铜制钱六十二文。市物皆长价数倍。钱法极坏，民不聊生矣。自咸丰初以铜钱匮竭，铸铁钱，复铸当十铜钱，而钱质恶劣，民间迄不能行。乙卯丙辰间，江浙间有用当十钱者，未几复停。次年吾越以一当五用，旋至当三而罢。今都城则以一当铜制钱二，当铁制钱二十。朝廷设官鼓铸者有年，思以济铜之乏，而转龋龆于商贾，抑使更贱，立法不严，其弊至是，可叹也。

咸丰十一年六月十二日

日来市上交易银价至三十吊以外。票钱一吊，仅得铜制钱五十二文。以户部先揭示尽废钞票不用，近复议废钱票，民间惴惴，故银价日增；制钱日少。京师久乏铜钱，而铁钱又不能行，惟恃虚票以通有无，倘此议果行，乱必作矣。

咸丰十一年六月二十日

是日银价稍平，一两换票钱二十七千，千换铜制钱五十八文。

咸丰十一年六月二十四日

昨日银价已减至廿六千，每千换钱六百。今早忽增银价至六十千。乾益、乾亨、乾元、乾豫四家官号钱票皆屏不用。以户部议钱票太多，度支无银可抵，奏请四乾官号票搭三成用，俟票尽收后，令各钱铺另出新票。不出者斩决。昨已得旨准行。

上谕以四乾钱号浮开空票，私铺奸商串通把持，银价日贵。嗣后着以去年奏定钱价之日起，扣出三成，作为各商罚款。俟票收尽后，将官号撤去，改为民铺，另出新票，其各钱铺皆一体出票；如仍前把持，抑勒平民，官号商人即行正法，私铺从重治罪。其五天字号钱铺着内务府妥为照料云云。自此诏出，民间但肯用五天字号钱票。户部揭示凡四乾字号票准搭三成充捐输职官，其加成捐复请封赎罪仍不准搭用。

咸丰十一年七月五日

今晚四天字号钱票又不行。

咸丰十一年七月九日

数日来私号钱铺皆出新票，银一两换票钱十三千。每千换铜制钱一百。而天元、天亨、天利、天贞四官号钱票，皆渐不行，每银一两换至四五十千，每千换钱不过二三十文。其四乾字号及西天元字号，仅换十余文。闻户部连日递封奏，不知又何所更置也。县官不知搜利之源，贪狙小利，因循坏法，至于势穷情见，乃不顾本末，别创一议，以为弥缝。其始以利猘商，而轻重之权，度支转夺于驵侩，其既以势猲民，而出入之际，闾阎归恶于君上。徒有纷更之名，无补亏耗之实。示小人以不信，等匹夫之罔利。掌司农者，半皆黄颔纤儿，白面贾竖，上不益贫，下不可活，是裴延龄、韦渠牟之罪人哉！

同治四年五月二十日

津门酒保例于正设外，进果羹四碗，食物四盘，杏酪一钟，谓之敬菜。其钱两千，易银一两。计所费共四金，较之都中价值相等。

同治四年十月六日

付余氏英洋钱二十枚八角，作银十四两，此秀才余芹家都中汇款也。英洋钱者，近十年来始出，铢两视旧所行番金益轻。其面文为鸟形，幕文亦与旧异。咸丰之末，惟行上海及广东耳，今遍于江浙矣。

同治四年十月九日

作书致沈蘅夫以英洋二十枚，合银十四两三钱，嘱代还其戚濮姓。作片致张溇俞氏子（举人俞觐光之子）并英洋钱十枚，合银七两一钱五分，此与濮氏钱皆都中汇款。

同治十三年三月六日

皇太后懿旨……将来通行制钱之时，每当十大钱，折抵制钱二文。

同治十三年十一月十三日

是日市中钱铺以折负停闭者六家。予前日换银十二两得票钱百五十千，今日尽成画饼，真无妄之灾矣。

同治十三年十二月一日

是日市中所停钱铺复开，予钱票尽取得钱矣，此又非望之喜也。

同治十三年十二月三日

前月印结局公费银十五两五钱换得票钱二百五千。

光绪三年十月九日

近日都中百物踊贵，米麦尤甚。余所食米，去年春时，每百斤京钱二十八千。今渐至四十七千，昨日且五十千矣。杂货面（以黑小米、菽米和麦皮为之，都中极贫户所食）一斤至四百余钱（旧止百余钱）。前日闻李合肥遣官来办平粜，设局于崇文门，又置分局二于内外城。未知何如也。

昨阅邸钞，山西曾中丞（国荃）奏，省城银一两易八三钱一千三四百，而斗米须钱二千四五百。省南（平阳、汾州、蒲州、绛、解、霍等州）纹银一两，易钱一千一百。元丝银则止易钱九百余，斗米须银二两有奇。今日邸钞，李合肥奏：据曾国荃函称"小米市斗每石二百九十斤，银十四两六钱。合官斗每石银七两三钱。高粱，市斗每石二百四十斤，银七两三钱，合官斗每石四两一钱零"。是曾疏所称者，乃市斗白米也。合肥又言，据河南委员称："该省时价：小米市斗，每石一百九十斤，制钱六千三四百，合银四两二钱零。按官斗，每石一百四十余斤，约合银三两二钱零。高粱，市斗，每石一百八十斤，制钱四千四五百，约合银三两。按官斗每石一百三十斤，约合银二两二钱零。"

今都门纹银一两易京钱十七千，松江银一两易十六千五六百，而市斗每石一百五十斤，白米百斤至五十千，已合银三两。一石则合银四两五钱。小米，百斤至四十余千，一石须六十余千，合银三两七钱有奇。高粱，都人食之者少。白面，每石一百三十斤，须京钱六千斤。小米面，每斤京钱四百六十。然则京城米价，贵于河南。满汉游民，徒食日众。畿辅饥者，又纷至沓来。

光绪四年五月四日

连氏补送家传润笔番银六十圆……牧庄来，托其向阜康取连氏所寄得银四十一两三钱。余不知市贾，常以此累友朋，可哂也。

光绪四年五月十五日

前日银价一两至钱二十二千，昨日忽减，今日仅十五六千矣。以人争取钱，且不肯用小钱，钱铺有停闭者。钱法之乱，几如咸丰末年，恐非佳兆也。

光绪四年五月二十一日

是日市中钱法大乱，钱铺停闭者十五六家。铺家不肯收银，民间不肯行票，银价减至十二千，不知何故也。

光绪四年五月二十六日

邸钞。上谕：前因京师钱价长落不定，钱店多闭，于民间生计有关。……兹据步军统领衙门奏称：近因私铸复杂，街市挑剔小钱，致钱价无定，钱店关闭者不少。现将借端滋扰抢夺之犯及有意牟利潜逃之奸商拿获数起……至私铸人犯现已拿获数案……日来市肆渐次安帖……

光绪五年三月十日

邸钞。上谕：前据都察院奏，江西试用从九品龚榕敬陈管见十二条据呈代奏一折。……裕财用中……并铸银饼一条，或变更成法，或有伤政体，均属窒碍难行。……又请增京廉一节，能否办理，着该部议奏。

光绪九年七月十日

邸钞。诏：现在京城一带，多有匪徒销毁官钱，改铸溢利，以致私钱充斥。着步军统领衙门、顺天府五城御史一体严密查拿……

光绪十一年十一月十四日

李注：自去年六月下旬，户部尚书阎敬铭私议欲改复铜制钱，于是银价骤贱，钱铺废歇三十余家。……召四喜部头时琴香来，付以银一百五十八两，又钱三十四千，为初四日合乐之资。都计此次爨演，共费京钱四千二百五十千。近日银一两易票钱十四千五百。松江银减二百。若易现钱则十六千五百，以钱肆不肯出票也。此皆票钱。

光绪十二年一月四日

是日市中复禁小钱不行。银价易票钱每两十二千有奇，易见钱至十七千有奇。自昔年孔宪毂、张佩纶等条陈钱法后，各钱铺遂不肯出票。诸肆之有力者皆效之。惟盐、米、油、烛，小肆行票钱。于是市中易银，票钱与见钱遂有二价。钱日益滥恶，交易者以票钱为奇货。盖不知裕铜来之源，讲铸钱之法，严私销私铸之禁，平物价银价之程，妄意更张，出入无主，徒为驵侩之利，而市物益贵，钱法益乱，民亦益病矣。盖不学之人无一而可也。

光绪十二年三月十二日

每银一两作钱十三千二百，其价为最廉。

光绪十二年三月十八日

是日买几二、椅二、杌子四，付银四两三钱（每事票钱七千）。

光绪十三年一月十四日

邸钞。懿旨：户部奏，请于滨临江海各省应解京饷内，酌易制钱，解存天津备用。……上年六月间谕令醇亲王奕譞会同军机大臣、户部、工部，将钱法妥为筹议，以期渐复旧制。旋据奏请，以三年为期……先令直隶、江苏各督抚添购机器，制造制钱，并饬例应鼓铸制钱，各省一体赶紧开炉铸造。……此系特旨交办之事……乃时阅半年，忽称机器制造工本过巨，京局开炉，恐滋市井疑虑，而以饬令湖北等省搭解制钱运津备用为佳……深堪痛恨。总之旧制必宜规复，钱法亟应整顿……限于一年内一体办理就绪。

光绪十三年一月十六日

是日市中以昨见谕旨，将行制钱，今日小钱屏遏不行。细民觅食不得，号泣满路，饼师菜佣，相率闭门，至有求死者。以昨日市易所得，皆常用钱也。钱法之敝已极，骤欲革之，徒苦小民，益致纷扰耳。

光绪十三年一月二十三日

邸钞。吏部奏遵议户部堂官处分一折：阎敬铭、福锟、翁同龢、嵩申、孙诒经、景善、孙家鼐应得革职处分，均加恩改为革职留任。……以吏部右侍郎熙敬调户部兼管钱法堂事务。兵部左侍郎曾纪泽调户部右侍郎，兼管钱法堂事务。

二　有关物价的资料*

咸丰六年至光绪十五年

年	日/月	物品名称	单位	银(两)	番圆	钱（文）	地点
咸丰六年（1856）	19/3	芥菜	斤			2	会稽
	1/8	米	石			4,100	
			石			3,400(最下)	
			斗			900	湖州
			斗			500	苏州
	6/9	菜	斤			9	
		酒	斗			200	
		米	石			4,700(最上)	
			石			4,300	
		棉花（连核）	斤			40	

漫享一个京官的生活

咸丰六年至光绪十五年（续）

年	日/月	物品名称	单位	银（两）	番圆	钱（文）	地点
		棉花（去核并弹净）	斤			170	
	20/10	米	石			5,600	会稽
		新米	石			4,900	
		糯米	石			6,000	
咸丰七年	17/4	米	斗			550	会稽
（1857）	3/7	盐	斤			13	
	28/7	衬材	株			712.5	
	26/9	畚	具			1,500	
	27/9	鲞	六斤		1		
		绣巾	三顶		4		
	3/11	盐	斤			13	
	16/11	漊田	亩			46,500	
	18/12	草	2,112斤			4,000	
咸丰八年	5/3	米	斗			500	会稽
（1858）	16/3	米	斗			550	
	20/3	木畚	具			1,660	
	17/4	米	斗			550	
	7/5	米	升			大钱56	
	8/5	米	石			6,000（＋）	
			斗			70	
	6/9	菱	斤			7	

咸丰六年至光绪十五年（续）

年	日/月	物品名称	单位	银（两）	番圆	钱（文）	地点
	13/11	雉	双			550	
	16/11	谷	斤			16.5	
	20/11	鹅	只			530	
	30/11	雁玉嘴烟管	根			440	会稽
		京毛皮马褂	领		8		
		锡	斤			181.9	
		紫铜手炉	枚			280	
	7/12	二毛线绉袄子	领		20	10,000	
		金顶	枚		1		
	17/12	年糕	斤			22	
咸丰九年（1859）	29/1	床	具			17,000	会稽
	4/4	单衣	领		6		
咸丰十年（1860）	17/9	早谷	斤			12	会稽
	27/9	米	石			3,500	
	4/10	米	石			4,000（+）	
	6/11	米	石			4,800	
		靴	双			24,000	
咸丰十一年（1861）	13/6	菜	斤			10	会稽
		萝卜	斤			16	
同治元年（1862）	11/1	湖绉汗巾	尺			2,200	会稽
	13/1	水烟筒	具			6,000	
	25/9	羊裘	件	6			

咸丰六年至光绪十五年（续）

年	日/月	物品名称	单位	银(两)	番圆	钱（文）	地点
	25/11	鸡心荷包	个			2,000	
同治二年	11/1	翠瓷茗碗	枚			1,000	会稽
（1863）	9/4	日记簿	册			2,000	
	13/4	罗衫	领			28,000	
		葛衫	领			12,000	
		茶盅	枚			2,000	
	23/4	凉帽盒	具			8,000	
	24/4	缎鞋	双			7,000	
	22/6	莲蓬	枝			32	
	20/7	马桶	具			6,000	
	1/10	日记簿	册			2,000	
	2/10	狐袍	件	6			
	7/11	铜面盆	具			12,500	
		手巾	方			500	
	17/11	鞋	双	2			
	12/12	茶碗	枚			1,750	北京
	24/12	新历	本			500	
		水笔	管			600	
		日记簿	册			2,000	
	30/12	鹅黄半绉衬衫	件			38,000	
同治三年	13/1	织皮大护书	件			4,000	北京
（1864）	19/2	水笔	管			400	

咸丰六年至光绪十五年（续）

年	日/月	物品名称	单位	银(两)	番圆	钱（文）	地点
		朱墨	挺			400	
	8/3	摹本缎棉袍	领	8.5			
		皮箱	具			28,000	
	13/3	小帽	顶			3,200	
	26/3	竹帘	桁			8,000	
	4/4	江绸单外褂	领	6			
		江绸夹马褂	领	4.5			
		湖绉夹裤	具			16,000	
	29/4	窗户玻璃	尺			3,500	
	28/5	表	枚	10			
	8/6	牙柄蕉扇	柄			18,000	
	1/7	日记簿	册			20,000	
	7/7	雕翎扇	柄			40,000	
	3/8	油绸雨伞	柄			80,000	
	1/11	毛马褂	领	5			
	11/11	青羊皮睡褥	张	1.1			
		白铜暖锅	具			7,000	
	15/11	虾青湖绉	尺	0.2（+）			
同治四年（1865）	19/3	靴	双	2.4			会稽
	14/5	细葛小衫	袭			600	
	28/10	龙眼	七斤		1		
	7/12	薪	束			22	

清季一个京官的生活

咸丰六年至光绪十五年（续）

年	日/月	物品名称	单位	银(两)	番圆	钱(文)	地点
同治五年	28/1	薪	束			18（+）	会稽
（1866）	27/2	米	斗			480	
	9/4	米	石			3,700	
	15/4	米	石			3,580	
	16/4	薪	束			14（+）	
	7/5	草席	领			760	
	29/5	朱漆浴盘	具			2,400	
	12/6	洋纱帐子	具			3,350	
	27/6	西瓜	枚			66（+）	
	27/7	木凳	具			325	
	12/8	舒凫	双			333（+）	
同治六年	12/4	稻秸	束			4	会稽
（1867）	28/6	粗葛袍	领			1,890	
	26/8	禾秆	斤			1（-）	
同治七年	25/闰4	白团扇	柄			325	会稽
（1868）	5/8	草	890斤		2		
	26/8	薪	担		1		
同治八年	12/3	禾稿	斤			0.7	
（1869）	14/3	羽织帛围冠	顶		1		
	20/11	白菜	760斤		2		
同治九年	10/5	新茶	斤			420	
（1870）							

附　录　　　291

咸丰六年至光绪十五年（续）

年	日/月	物品名称	单位	银（两）	番圆	钱（文）	地点
	8/6	杭纺绸	寸			432（＋）	
	2/7	铜帽架	对			700	
	5/7	西瓜	枚			51（＋）	会稽
	11/9	高胫洋灯	盏		1		
	23/9	肩舆	辆		13		
	29/9	蟒袍	领		14		
		鼲鼠褂子	件		16		
		羊皮马褂料	领		9		
	20/12	南米	升			46	
同治十年	17/3	东洋参	两			3,000	北京
（1871）	7/4	高丽参	两	0.75			
	7/6	丛棘	担			2,500	
	5/10	毛儿窝	双			17,000	
	12/11	米（较北京约贱四分之三）	担			2,900（最高）	会稽
			担			1,150（其次）	
同治十一年（1872）	25/3	米	石			35,000	北京
	12/5	床席	具			7,000	
		炕	座			2,000	
		竹帘	桁			5,000	
		纨扇	柄			4,000	
	3/8	狗	只			8,000	
	18/9	高丽参	两			1,455	

咸丰六年至光绪十五年（续）

年	日/月	物品名称	单位	银(两)	番圆	钱（文）	地点
	20/10	茧袍羊裘	件			70,000	
		狐皮马褂料	件			50,000	
	23/10	元色绉纱	尺			2,846（＋）	
	6/11	方桌	张			14,000	
	25/12	长桌	张			20,000	
		便椅	张			6,000	
		几	张			4,000	
同治十二年（1873）	17/3	玻璃窗	扇			16,000	北京
	4/4	木香花	盆			7,000	
	6/4	梧桐	本			8,000	
	7/4	竹	竿			218（＋）	
		缸	具			16,000	
		沥薏	本			2,000	
	3/6	绳床	具			20,000	
	4/6	椭方书案	张			20,000	
		书架	具			10,000	
	20/7	桂花	小盆			1,500	
	20/9	鞋	双			33,000（＋）	
		貂冠连缨	顶			96,000	
	8/10	白泥火炉	架			4,000	
	12/10	丛棘	担			5,500	
同治十三年（1874）	12/1	粗砚	枚			4,000	北京
	18/2	青鞋	双			8,000	
	6/3	铜墨盒	枚			12,000	

咸丰六年至光绪十五年（续）

年	日/月	物品名称	单位	银(两)	番圆	钱（文）	地点
	15/5	罗衫	领	6			
		罗裤	件	1.5			
		镂纱罗衫	领	4.3			
	7/6	团扇	把			7,500	
	23/7	菊花	盆			222（+）	
	8/10	白灰炉连番木架抽底	具			7,500	
	3/11	小儿银锁（包金）	把			24,500	
	25/12	长桌子	张			13,000	
光绪元年（1875）	15/1	高丽参	斤			38,000	北京
	13/2	水仙花	本			800	
	5/7	冰	斤			1,000	
	30/7	鞋	双			8,800	
		纳锦带版	对			10,800	
	23/8	锡奁具	具			20,000	
		泽发器	具			4,000	
		茶壶	对			7,000	
	8/9	重阳花糕	斤			966	
	26/12	玻璃风灯	对			20,000	
		锡烛台	对			9,000	
		梅花	对			9,000	
		水仙花	本			1,100	
光绪二年（1876）	春	米	斤			280	北京
	19/1	摹本缎马褂	领	11.2			

咸丰六年至光绪十五年（续）

年	日/月	物品名称	单位	银（两）	番圆	钱（文）	地点
	19/1	湖绉袍	领	10			
	21/1	缎袄	领	5.8			
	17/2	铜鹦哥灯	具			18,000	
	3/3	米	石			32,000	
	18/7	秋帽	顶			47,000	
	27/7	菊花	株			212	
	15/10	白灰火炉	具			3,800	
	17/10	石炭	斤			28	
	7/11	石炭	斤			28	
光绪三年	?	米	斤			470	北京
（1877）	26/2	蓝缎袍锦缎褂	领	9			
	2/3		领			100,000	
	5/4	画桌	张			27,000	
	9/4	柳木凳	张			3,500	
	28/4	雕翎扇	柄			30,000	
		湘竹丝根泥金折扇	柄			10,000	
	15/5	纨扇	柄			11,333	
		纨扇	柄			6,300	
	27/9	舍利狐褂	领		20		
	29/9	椅垫	对			10,000	
	8/10	米	斤			500	
	9/10	杂货面	斤			400（＋）	

咸丰六年至光绪十五年（续）

年	日/月	物品名称	单位	银(两)	番圆	钱（文）	地点
		米	斗		83	京钱 2,450	
		米	斗	2（＋）			
		小米	（市斗）				
			石	4.2			
			（官斗）				
			石	3.2			
		高粱	（市斗）				
			石	3			
			（官斗）				
			石	3.2			
		白米	（市斗）				
			斤			500	
			石	4.5			
		小米	斤			400（＋）	
			石			60,000（＋）	
		白面	石			60,000	
		小米面	斤			460	
光绪四年	15/5	竹帘	桁			9,000	北京
（1878）		菊花	丛			222（＋）	
	13/12	牛	只	14			
光绪五年	12/9	石炭	斤			28	北京
（1879）	26/12	纱灯	盏			7,250	
光绪六年	25/2	食篮	对			8,500	北京
（1880）	23/3	夹衣	领	3.5			

清季一个京官的生活

咸丰六年至光绪十五年（续）

年	日/月	物品名称	单位	银(两)	番圆	钱（文）	地点
	30/6	连襪	双	3.8			
	5/8	蘑菌	斤			20,000	
	8/9	茉莉花	本			166（＋）	
	12/11	羊裘	领	13			
光绪七年	14/1	渗金宣炉	具			20,000	北京
（1881）		渗金小炉	具			8,000	
		桃花草虫瓷盅	对			6,000	
	17/3	白布袍及带	领			12,000	
	14/6	大幅草席	张			11,500	
	27/8	鹰毛大扇	把			3,500	
光绪八年	25/1	菊花	盆			262	北京
（1882）	6/4	桌	张			17,000	
	18/6	箱篋（藏书画）	具			10,000	
	13/12	靴	双	2.9			
		甘尖褂	领	15			
		舍利狐马褂	领	17			
		摹本缎面羊皮马褂	领	7			
		狐皮半臂	领	3			
		貂袖	双	2			
		羊裘	领	4.5			
		羔褥	领	5.5			
		藤床	张	5			

咸丰六年至光绪十五年（续）

年	日/月	物品名称	单位	银(两)	番圆	钱（文）	地点
		红梅	对			8,000	
		蜡梅	树			6,000	
	17/12	红呢椅垫	张			14,000	
	23/12	羊襦	领	8			
光绪九年	15/1	酒杯	枚			24,000	北京
（1883）	18/1	眼镜				15,000	
	21/1	红梅	树			3,200	
	1/2	绯梅	盆			3,333（＋）	
	3/2	水仙花	丛			900	
	2/3	毡冠连顶缨	具			26,500	
	8/3	小木床	张			18,000	
	9/3	朱砂栾枝	株			6,750	
	23/4	石榴花	盆			3,750	
	18/5	草花	担			5,000	
	28/5	缎云钩履	双			13,600	
	18/6	花	担			16,000	
		秋海棠	本			1,300	
	22/6	木箱	具			20,000	
	14/7	棉半臂		1.8			
	1/9	菊花	盆			364	
	5/9	康熙窑翠龙盘	枚			7,000	
	9/9	菊花	盆			419	
	17/9	玻璃镫	盏			8,750	
		琉璃镫	对			18,000	

清季一个京官的生活

咸丰六年至光绪十五年（续）

年	日/月	物品名称	单位	银(两)	番圆	钱（文）	地点
	4/11	枇杷叶露	两			5,000	
	19/11	缎袍	领	9.3			
光绪十年（1884）	12/2	鼺鼠马褂	领	8.2			北京
	15/8	璃玉色江绸大裁单袍	领	7.86			
	13/11	妇女上车梯凳	具			6,000	
	14/11	素心蜡梅花	盆			6,666（＋）	
	12/12	米	618斤	11.74			
光绪十一年（1885）	15/1	药饼	枚			3,500	北京
	13/3	朱砂	笏			20,000	
	11/4	踏凳	对			26,000	
	8/5	书架	张			20,000	
	10/5	藤床	张			50,000	
		革箱	具			22,000	
	17/6	秋海棠	盆			900	
	19/7	翠玉朝珠佛头	副	6.2			
	5/9	青云钩茶色缎履	双	1			
光绪十二年（1886）	3/3	梨树	株	2			北京
	6/6	元青芝麻纱种子	领	5.9			
	4/10	菊花	盆			23,000	
		夕砂	盆			6,000	

咸丰六年至光绪十五年（续）

年	日/月	物品名称	单位	银(两)	番圆	钱（文）	地点
	11/11	西洋圆晶镫	对	3.6			
		西洋猛火油	箱	19			
	24/12	山水纱镫	盏	0.75			
光绪十三年（1887）	14/1	蜜蜡朝珠	串	5			北京
	16/3	织金蟒袍	领	14			
		棉襦	领	7			
	29/闰4	白地人物套料瓷壶	枚	4			
	5/5	蓝实地纱	领	5			
	17/5	朝珠	挂			4,500	
	19/5	碧螺杯	对	2			
	24/6	青云钩淡色缎履	双	1.2			
	25/6	莲蓬	把			2,000	
	20/7	朝衣朝裳	副	14		800	
		织金纱蟒袍	领	13			
		罗衫	领	5			
	24/8	吉林参	两	20			
	7/9	菊花	盆			333（+）	
	8/9	八人方桌	张	1.6			
	13/12	狐白马褂	领	11			
		狐白褂	领	19			
光绪十四年（1888）	16/1	铁树花	盆	2			北京

咸丰六年至光绪十五年（续）

年	日/月	物品名称	单位	银(两)	番圆	钱（文）	地点
	22/2	红杏	株	1			
	3/4	马	匹	53			
	3/7	紫薇	树			10,000	
	25/8	酒	斤			1,200	
	30/9	菊花	盆			266（＋）	
	26/11	狐袍	领	12			
	27/11	红呢炕枕枕垫	副			42,000	
光绪十五年（1889）	2/7	紫薇花	盆			6,000	北京

＊根据《越缦堂日记》各年所记汇辑。

三 有关工资的资料＊

咸丰七年至光绪十四年

年	日/月	工资	银（两）	番圆	钱（文）	地点
咸丰七年（1857）	9/7	工人腾雨工直			200	会稽
	18/7	工人腾雨工直			280	
		工人仰鸢工直			200	
	29/7	匠人制棺一日工直			1,600	
	16/8	腾雨工直			360	
	20/8	单港媪工直			200	
	24/8	僧慧乳媪工直			1,000	

咸丰七年至光绪十四年（续）

年	日/月	工资	银（两）	番圆	钱（文）	地点
		仰鸢工直			200	
	30/8	缝人工食			3,500	
	8/9	仰鸢工食			480	
	15/9	单港媪工直			200	
	26/9	僧慧乳媪		2		
	27/9	缝人工直			4,140	
	26/11	僧慧乳媪工直			1,000	
	25/12	腾雨工钱			1,920	
咸丰八年（1858）	15/4	阿八工直			660	会稽
	19/4	僧慧乳媪工直			1,000	
	20/4	双林工钱			1,560	
	18/6	广华工直			500	
		祁妪工直			200	
	28/6	祁妪工直			400	
	22/8	僧慧乳妪工直			200	
		腾雨工直			680	
	28/8	仰鸢工直			200	
	8/9	祁妪工直			400	
	20/11	祁妪佣钱			100	
	21/11	阿四佣钱			1,000	
	4/12	僧慧乳妪工直			2,600	
	28/12	付阿四洋		—		
咸丰十一年（1861）	8/6	王福工食			16,000	北京
	19/10	王福工直银	1.5			

清季一个京官的生活

咸丰七年至光绪十四年（续）

年	日/月	工资	银（两）	番圆	钱（文）	地点
同治二年 （1863）	6/3	王福二月以前工直			12,000	北京
		王福四月份工直			8,000	
	18/7	王福工直			8,000	
	15/8	王福工直			8,000	
	14/9	王福工直			8,000	
	28/9	王福工直			8,000	
	7/11	王福工直银	4			
	2/12	王福工直			8,000	
	6/12	王福工直			8,000	
同治三年 （1864）	3/4	王福二月份三月份工直			16,000	北京
	5/7	鹏儿工直			3,000	
	20/11	王福六月至九月份工直			32,000	
		鹏儿十、十一月工直			4,000	
	29/12	王福十月至十二月工直			24,000	
同治四年 （1865）	29/2	鹏儿工直			2,000	
	11/10	金媪十月份佣直			450	会稽
	8/12	王元工直		2		
	17/12	令佣人仰鸢回去付工直		1	200	
	27/12	佣人愿华工直		2		

咸丰七年至光绪十四年（续）

年	日/月	工资	银（两）	番圆	钱（文）	地点
	29/12	王福工直		4		
		王元工直		2		
同治五年 （1866）	28/1	缝人工直			480	会稽
	4/3	腾雨去冬佣直			500	
	13/6	王元佣直		2		
	9/11	佣媪徐以今日毕工付		6	352	
同治七年 （1868）	13/12	王福工直		2		会稽
	7/2	佣妇阿高工直		2		
	5/5	王福工直		4		
	17/6	王福工直		2		
	10/7	阿骀佣直		1		
	13/8	王福工食		2		
	27/10	王元工食		1		
	10/11	王福工食		1		
		阿骀工食		1		
	28/12	王福工食		2		
	29/12	阿骀工食		1		
同治八年 （1869）	7/2	王福工食		1		会稽
	8/2	阿骀佣直		1		
	11/2	王福工食		1		
	25/3	王福工食		1		
	18/12	缝人工直		5		
	24/12	王福工食		2		

咸丰七年至光绪十四年（续）

年	日/月	工资	银（两）	番圆	钱（文）	地点
同治九年 （1870）	23/2	王福工食		1		会稽
	8/4	王福工食		2		
	29/4	王福工食		3		
	4/5	佣人阿金			1,000	
	19/9	王福工食				
	6/10	付仆人陈升		5		
	15/12	仆人陈升佣直		3		
同治十年 （1871）	4/2	王福工食		1		会稽
		佣人七十工食		2		
	25/3	王福工食		4	10,000	北京
	5/5	王福工食			10,000	
		缉石佣工			8,000	
		陈媪佣工			10,000	
	25/7	王福工食钱			5,000	
	4/8	王福工食			10,000	
	15/8	王福工食			10,000	
		缉石工食			10,000	
		陈媪工食			10,000	
	26/10	王福工食			20,000	
	2/12	王福工食钱			10,000	
		缉石工食钱			5,000	
		王媪工食钱			5,000	
	28/12	王福工食钱			20,000	
		缉石工食钱			15,000	
		王媪工食钱			15,000	

年	日/月	工资	银（两）	番圆	钱（文）	地点
同治十一年（1872）	22/2	王福工食钱			10,000	北京
		缉石工食钱			5,000	
		陈媪工食钱			5,000	
		升儿工食钱			3,000	
	18/3	王福工食钱			10,000	
同治十三年（1874）	5/4	新仆林升工食			6,000	北京
		陈媪工食			5,000	
		升儿工食			3,000	
	25/6	岑福工食			6,000	
	12/7	圬人工钱			18,500	
		梓人工钱			8,000	
		种树人工钱			5,000	
		阿郭工钱			2,000	
		胡元工钱			4,000	
		孟厨子工钱			4,000	
		车卒阿鲁工钱			6,000	
		英桂工钱			1,000	
		阿周			2,000	
	2/8	岑福工钱			6,000	
	1/9	仆媪佣直			20,000	
	30/9	岑福工食			6,000	
	1/11	岑福工食			6,000	
		陈媪工食			5,000	
	2/12	岑福工食			6,000	
		更夫工食			7,000	
	3/12	陈媪工食			5,000	

咸丰七年至光绪十四年（续）

年	日/月	工资	银（两）	番圆	钱（文）	地点
光绪元年 （1875）	3/2	岑福工食钱			10,000	北京
		陈媪工食			5,000	
	2/3	岑福工食钱			10,000	
	3/4	陈媪佣钱			5,000	
	4/5	岑福工食			10,000	
		陈媪工食			10,000	
	3/6	岑福工食			10,000	
		更夫工食			7,000	
		陈媪工食			5,000	
	3/7	岑福工钱			10,000	
		陈媪工钱			5,000	
	1/9	岑福工食			10,000	
		陈媪工食			5,000	
	5/11	岑福工食			10,000	
		陈媪工食			5,000	
	2/12	付仆媪等钱			22,000	
	29/12	岑福正月工钱			10,000	
光绪二年 （1876）	1/3	岑福工钱			10,000	北京
		顺儿工钱			2,000	
		陈媪工钱			5,000	
	3/4	岑福工食			10,000	
		更夫工食			7,000	
		陈媪工食			5,000	
	3/7	岑福工食			10,000	
		更夫两月工钱			14,000	

咸丰七年至光绪十四年（续）

年	日/月	工资	银（两）	番圆	钱（文）	地点
		升儿工钱			2,000	
		陈媪工钱			5,000	
	28/8	岑福工食			10,000	
		更夫两月工食油火			14,000	
		杨媪本月半个月及			12,000	
		九月				
		顺儿工食			2,000	
	3/10	更夫工食			7,000	
	1/11	岑福工食			10,000	
		更夫工食			7,000	
		杨媪工食			8,000	
		顺儿工食			2,000	
	2/12	刘升佣钱			7,500	
		更夫佣钱			8,000	
		买办佣钱			13,280	
		升儿佣钱			3,100	
		杨媪佣钱			11,900	
光绪三年（1877）	4/3	岑福工食			12,000	北京
		更夫两月工钱			14,000	
		升儿工食等			3,800	
		刘媪工食			7,500	
	4/5	岑福工食			10,000	
		更夫工食			7,000	
		顺儿工食			2,000	

清季一个京官的生活

咸丰七年至光绪十四年（续）

年	日/月	工资	银（两）	番圆	钱（文）	地点
	5/5	岑福工食			10,000	
		更夫工食			7,000	
		升儿工食			3,000	
	2/7	张顺佣钱			10,000	
		顺儿佣钱			3,000	
	2/8	张顺工食			11,800	
		顺儿工食			4,200	
		更夫工食			7,800	
	7/9	更夫工食			7,000	
		顺儿工食			3,000	
	18/9	杨媪工食	2		23,000	
	4/10	升儿工食			3,000	
		车夫工食			3,000	
	17/10	王升工食			10,000	
	21/11	王升工食			10,000	
	25/11	杨媪工食			5,000	
		王媪工食			5,000	
	21/12	仆史贤工钱			10,000	
	30/12	林更工食			10,000	
		顺儿工食			4,000	
光绪四年（1878）	15/1	王媪工食			3,000	北京
	3/2	顺儿工食			4,000	
	3/4	林升两月工食			8,000	
		（佣钱至是月14日讫）				

咸丰七年至光绪十四年（续）

年	日/月	工资	银（两）	番圆	钱（文）	地点
		升儿两月工食（讫是月之初）			8,000	
		长儿工食（是月十四日讫）			5,000	
		王媪工食（是月四日讫）			6,000	
	5/5	杨媪佣直银（至是月十七日讫）	2			
	8/5	仆人李升（前日受佣）先给一月			8,000	
	13/5	更夫工食			7,000	
	9/6	李升工食			8,000	
		顺儿工食			4,000	
	12/7	李升工食			10,000	
		顺儿工食			4,000	
	26/7	圬人工食钱			8,000	
		圬人工食			8,000	
	28/7	圬人工食			9,600	
	29/7	圬人工食钱			7,000	
	1/8	圬人工食钱			4,000	
	2/8	圬人工食钱			4,000	
	5/8	顺儿工食			6,000	
		李升工食			10,000	
		杨媪工食			10,000	
	1/9	王媪工食			26,000	

清季一个京官的生活

咸丰七年至光绪十四年（续）

年	日/月	工资	银（两）	番圆	钱（文）	地点
	6/9	李升工食			10,000	
	3/10	更夫杨工食			7,000	
		顺儿工食			4,000	
		李升工食			10,000	
	1/11	王媪佣直			6,000	
		顺儿佣直			60,000	
	10/11	更夫杨工食			7,000	
	2/12	顺儿工食			6,000	
		更夫工食			7,000	
光绪五年	2/2	顺儿工食			12,000	北京
（1879）		更夫工食			14,000	
	19/2	王媪工食钱			6,000	
	24/2	仆戴龄工钱			8,000	
		顺儿工食			6,000	
	22/3	王媪佣钱			7,000	
		黄媪佣钱			8,000	
		杨媪佣钱			4,000	
		更夫林佣钱			7,000	
	18/闰3	门仆李升佣直			8,000	
		更夫杜林佣直			7,000	
	16/4	李升工食			3,800	
		杜林工食			7,000	
		福儿工食			4,000	
	19/5	李升工食			8,000	

咸丰七年至光绪十四年（续）

年	日/月	工资	银（两）	番圆	钱（文）	地点
		福儿工食			4,000	
		杜林工食			7,000	
	7/6	龄儿工食（以是日起佣）			4,000	
	9/6	王媪工食钱			14,000	
		杨媪工食	2			
	17/6	李升是月工食			8,000	
		杜林工食			7,000	
	10/7	门仆刘顺工食（是日起佣）			8,000	
		更夫孙升（是日起佣）			8,000	
	6/8	刘顺工食			8,000	
		龄儿工食			4,000	
	10/9	刘顺工食			8,000	
		龄儿工食			4,000	
	11/9	喜儿工食			4,000	
	13/9	杨媪工食	3			
	16/9	汪升（以是月受佣）			5,000	
	20/9	更夫杨佣			7,000	
	9/10	刘顺工食			8,000	
	16/10	升儿佣直			4,000	
	24/10	李升工食			8,000	
		更夫杨工食			7,000	
	15/11	升儿工食（支至明年正月止）			8,000	

清季一个京官的生活

咸丰七年至光绪十四年（续）

年	日/月	工资	银（两）	番圆	钱（文）	地点
	19/11	更夫杨佣直（至十二月十七日止）			7,000	
		杨媪佣直（是月末）			8,000	
		王媪（支至明日）			7,000	
	27/11	李升工食			8,000	
光绪六年	22/1	李升是月工食			10,000	北京
（1880）		升儿工食			4,000	
		更夫叶（十九日起佣）			7,000	
	13/2	李升工食			10,000	
		升儿两月工食			8,000	
	4/3	李升工食			10,000	
	13/6	李升工食			10,000	
	16/7	更夫孙福工食			7,000	
	18/7	李升预支工食两月			20,000	
	17/9	顺儿受佣			4,000	
	22/9	高升预支两月工食			14,000	
	10/10	李升工食			10,000	
	13/11	李升工食			10,000	
	14/11	高升两月工食（至明年正月讫）			14,000	
	3/12	李升工食			10,000	
光绪七年	22/1	李升工食			10,000	北京
（1881）	9/2	更夫王升（以是日受佣）			7,000	

咸丰七年至光绪十四年（续）

年	日/月	工资	银（两）	番圆	钱（文）	地点
	19/2	李升工食三月份			10,000	
	23/3	李升工食			10,000	
	22/4	李升五月工食			10,000	
	27/5	李升六月工食			10,000	
	25/6	李升下月工食			10,000	
	21/7	李升工食			10,000	
	23/闰7	李升工食			10,000	
	27/8	王妪工食	5			
		李升工食			10,000	
	25/10	李升工食			10,000	
光绪八年	1/2	李升工食			10,000	北京
（1882）	18/3	圬人工食钱			18,000	
	4/5	李升工食			6,000	
		王媪工食			6,000	
		杨媪工食			6,000	
		蒋媪工食			5,000	
		升儿工食			4,000	
		更夫工食			4,000	
光绪九年	16/3	圬人佣直			40,000	北京
（1883）	20/3	圬人佣直			35,000	
光绪十年	6/4	顾升工食			2,000	天津
（1884）		升儿工食			1,500	北京
	17/4	升儿工食钱			1,000	
	23/4	顾升工食			5,000	
		升儿工食			2,000	

清季一个京官的生活

咸丰七年至光绪十四年（续）

年	日/月	工资	银（两）	番圆	钱（文）	地点
光绪十三年（1887）	11/3	王升受佣			8,000	北京
	21/3	王成工食钱			10,000	
光绪十四年（1888）	11/4	车夫路四佣直			12,000	北京
	26/7	是日门仆曾升受佣工食钱			8,000	
	15/11	王升工食			8,000	
		升儿工食			5,000	

　　*根据《越缦堂日记》，日记原文用"工直""工食""佣钱""佣直""工钱"，均指工资。

参考书目

1. 《越缦堂日记》，民国九年，上海商务印书馆影印，北
　　京浙江公会发行。

《越缦堂日记补》，民国二十五年，上海商务印书馆影印。

《大清会典》，光绪二十五年十月，上海商务印书馆印行。

《大清会典事例》，台湾中文书局发行，根据光绪二十五年
　　刻本影印。

《翁文恭公日记》，民国十四年，上海商务印书馆影印。

《大清缙绅全书》，光绪甲辰（三十年）荣禄堂版，台北文
　　海出版社影印，《近代中国历史丛刊》第十三辑。

《中国近代经济史统计资料选辑》，严中平等编，中国科学
　　院经济研究所《中国近代经济史参考资料丛刊》第一

种，科学出版社，1955 年 8 月。

《中国近代货币史资料》第一辑《清政府统治时期
（1840—1911）》，中国人民银行总行参事室金融史料
组编，中华书局，1964 年 9 月。

《中国近代农业史资料（1840—1911）》，李文治编，《中
国科学院经济研究所中国近代经济史参考资料丛刊》，
生活·读书·新知三联书店，1957 年 12 月。

《光绪东华录》，朱寿朋编，中华书局，1958 年 12 月。

《皇朝经世文续编》，葛士濬编，光绪戊戌夏，上海书局石
印本，台湾国风出版社印行。

《同治中兴京外奏议约编》，光绪元年箧剑囊琴之室板，台
北文海出版社影印。

《清史稿》，赵尔巽等，香港文学研究社影印本。

《清朝续文献通考》，刘锦藻纂，民国二十四年至二十六
年，商务印书馆影印本。

2.《曾文正公全集》，光绪十四年鸿文书局印本。

《左文襄公全集》，光绪十四年印本。

《张文襄公全集》，北平楚学精庐板，丁丑五月印，台北文
海出版社影印本。

《显志堂集》，冯桂芬著，光绪二年校邠庐刊，台北学海出
版社影印。

《语冰阁奏议》，邓承修著，戊午（民国七年？）年三月印

行，台北文海出版社影印。

《养知书屋遗集》，郭嵩焘著，光绪壬辰年版，台北艺文印书馆影印本。

3.《浙志便览》，化州李应珏著，光绪二十三年，杭城吏隐斋印本。

《中国货币史》，彭信威著，上海人民出版社，1965年11月。

《乾隆十三年的米贵问题》，全汉昇著，《庆祝李济先生七十岁论文集》上册，台北清华学报社印行。

《中国运河史料选辑》，朱契编，中华书局，1962年7月。

《清代捐纳制度》，许大龄著，燕京大学哈佛燕京学社，1950年6月。

《清代科举考试述录》，商衍鎏著，生活·读书·新知三联书店，1958年。

4.《清代吏治丛谈》，伍承乔编，民国二十五年，台北文海出版社影印。

《金壶七墨》，黄钧宰著，清代笔记丛刊本。

《庸闲斋笔记》，陈其元著，清代笔记丛刊本。

《孽海花》，曾朴撰，台北世界书局印本。

《玉池老人自叙》，郭嵩焘著，光绪十九年养知书屋版，台北文海出版社影印《近代中国史资料丛刊》第十一辑。

《云自在龛随笔》，缪荃孙撰，台北世界书局印本。

清季一个京官的生活

5.《支那经济史考证》，加藤繁著，《东洋文库论丛》第

三十四下，东洋文库刊，昭和四十年四月二十日再版。

《咸丰二年鄞县的抗粮暴动》，佐佐木正哉著，《近代中国

研究》第五辑，近代中国研究委员会编，东京大学出

版会，1963 年 5 月 13 日。

6. Chang Chung-li，*The Chinese Gentry*，1955；*The Income

of the Chinese Gentry*，1962，University of Washington

Press，Seattle，U.S.A..

Ho Ping-ti，*The Ladder of Success in Imperial China*；*Aspects

of Social Mobility 1368-1911*. New York，Columbia

University Press, 1962.

Kung-chuan Hsiao，*Rural China*，1967，University of

Washington Press，Seattle，U.S.A..

Max Weber，*The Religion of China*，1964，The Macmillan Co.

New York, U.S.A..